中国校本教研与校本课程数字出版平台
中国校本教研网 www.schooledu.com.cn
◎特别推荐◎

科技部教育部『中小学科学探究学习与创新人才培养机制实验研究』项目研究成果

创新人才培养

生物探究活动开发与指导

张迎春◎编著

组编单位 科技部教育部『中小学科学探究学习与创新人才培养机制实验研究』项目组

江苏教育出版社

图书在版编目（CIP）数据

创新人才培养：生物探究活动开发与指导 / 张迎春编著.
—南京：江苏教育出版社，2013.6

ISBN 978-7-5499-2526-1

Ⅰ. ①生… Ⅱ. ①张… Ⅲ. ①生物课—教学研究—中学
Ⅳ. ① G633.912

中国版本图书馆 CIP 数据核字（2012）第 292085 号

书　　名	创新人才培养：生物探究活动开发与指导
作　　者	张迎春
责任编辑	严小英　张晓兰
出版发行	凤凰出版传媒股份有限公司
	江苏教育出版社（南京市湖南路 1 号 A 楼　邮编 210009）
苏教网址	http://www.1088.com.cn
照　　排	吕　龙
印　　刷	九洲财鑫印刷有限公司
厂　　址	河北省三河市灵山大口
开　　本	787 毫米 ×1092 毫米 1/16
印　　张	16.5
字　　数	268 千字
版　　次	2013 年 6 月第 1 版　2013 年 6 月第 1 次印刷
书　　号	ISBN 978-7-5499-2526-1
定　　价	30.00 元
网店地址	http://jsfhjy.taobao.com/
邮购电话	025-85406265，85400774　短信　02585420909
E - mail	jsep@vip.163.com
盗版举报	025-83658579

苏教版图书若有印装错误可向承印厂调换
提供盗版线索者给予重奖

《创新人才培养系列》

编委会名单

序 言

在中国，人们对创新人才的期盼，从来没有像今天这样强烈。1999年，《中共中央国务院关于深化教育改革全面推进素质教育的决定》（中发〔1999〕9号）中就指出要转变教育观念，改革人才培养模式，积极实行启发式和讨论式教学，激发学生独立思考和创新的意识，切实提高教学质量，培养学生的科学精神和创新思维习惯。2001年，《国务院关于基础教育改革与发展的决定》（国发〔2001〕21号）及教育部颁布的《基础教育课程改革纲要（试行）》（教基〔2001〕17号）中，都进一步强调要重视培养学生的创新精神和实践能力，为学生的全面发展和终身发展奠定基础。

在《国家中长期教育改革和发展规划纲要（2010—2020年）》中，对“创新人才培养”论述更加深刻、全面。该文件指出，创新人才培养是一个系统工程，要努力发挥各学段、各环节、各要素在创新人才培养方面的积极作用；要做好小学、中学、大学有机衔接，教学、科研、实践紧密结合，学校、家庭、社会密切配合；大力推进教育教学改革，探索多种培养方式。

为贯彻中共中央、国务院关于创新人才培养的重要指示与精神，从2009年起，我们积极承担了科技部“创新方法工作专项”中的重要课题“中小学科学探究学习与创新人才培养机制实验研究”（项目编号：2009IM010300），并成立了“中小学科学探究学习与创新人才培养机制实验研究”项目组，着重探索、研究在基础教育领域推进科学探究学习与创新人才培养的工作机制与模式。

在科技部条件财务司、教育部基础教育二司和21世纪议程管理中心的指导下，我们遴选当前基础教育领域的知名专家成立了项目专家指导工作组，并在全国建立起三大实验区和125所项目试点学校。经过近三年的研究、实践，该项目带动了试点校整体办学水平的提高，特别是促进了基于学科的科学探究活动的广泛开展和推广。各试点校呈现出中小学生主动参与科学探究活动，学习兴趣浓厚，积极思考、乐于交流的良好风气，有力地促进了中小学生的自主与个性发展，培养了他们积极健康的科学态度和科学精神。而且，很多学校还形成了有代表性的人才培养模式。

为更好地传播、推广项目研究成果，使更多中小学校师生受益，我们选编了部分项目研究成果，希望在更大范围内深入推进我国中小学校的科学探究学习与创新人才培养工作。

中小学科学探究学习与创新人才培养机制实验研究项目组

2012年12月6日

目 录

CONTENTS

前 言

20 世纪末至 21 世纪初，世界各国逐步进入知识经济时代，其主要特征是作为技术先导的科学和作为支撑科学的技术两者相互融合成为一个综合体，进而对社会生产力的发展起到巨大的推进作用，并对人类的生活、思维方式产生了全面而深刻的影响。在这一时代背景下，以科学技术和人力资源为核心的国际竞争愈发激烈，世界各国纷纷致力于科学教育的改革，以提高国民的科学素养，培养高素质的创新型人才，从而提高国家的核心竞争力，为国家的生存和发展赢得先机。

美国、英国、法国等发达国家相继展开科学教育改革的新浪潮，最具代表性的当属美国。1985 年，美国再次发起科学教育改革，展开了一项跨世纪的科学教育计划——“2061 计划”。该计划希望通过中小学的课程的改革来提高每个学生的科学素养，从而使美国的儿童未来能够成为科学和技术领域的主人，进而维持美国世界强国的地位。在其研究成果之一的《面向全体美国人的科学》一书中，明确指出：“21 世纪，无论是社会还是个人，要想成功地发展，全民及个人的科学素养至关重要。”1989 年，美国科学促进协会（AAAS）颁布的《普及科学——美国 2061 计划》首次提出将培养学生的科学素养作为科学教育的一个基本任务。之后，美国于 1996 年颁布了《美国国家科学教育标准》来指导各教育机构改进教学，促使所有学生都能具备基本的科学素养，并且提出科学学习以科学探究为核心。此后，培养学生的科学素养作为西方科学教育的新理念被广泛接受，同时也成为了中小学科学教育的一个基本目标。而科学探究作为科学的本质属性之一，反映了科学的过程特征，同时符合学生的学习心理和特点，从而被人们在科学教育中所倡导。世界各国都逐步认识到，科学探究是科学教育应当秉承和坚持的基本理念和学习方式之一。美国将科学探究纳入《美国国家科学教育标准》，并将科学探究作为科学学习的核心；英国将科学课程和英语、数学并列为三大核心课程，并将科学探究作为科学课程的第一目标。

改革开放后，我国敏锐地捕捉国际科学教育改革信息的同时，结合具体国情，开始全面融入世界科学教育改革的主流。在1999年召开的全国教育工作会议上，中共中央国务院发布《关于深化教育改革，全面推进素质教育的决定》，提出全面实施素质教育，并把学生创新精神和实践能力的培养作为重点。21世纪初我国启动了第八次基础教育课程改革，此次改革旨在构建一个新的基础教育体系，以满足和符合素质教育的要求，全面推进以创新教育为核心的素质教育。国务院于2006年颁布《全民科学素质行动计划纲要（2006—2010—2020年）》，指出科学素质是公民素质的一个重要组成部分，并强调有必要加强未成年人科学素质的培养。2001年教育部颁发的义务教育各学科课程标准（实验稿）汲取国际教育改革的先进经验，首次将“科学探究”纳入其中。“科学探究”成为我国新一轮基础教育课程改革中的一个亮点和热点，同时又是难点，在理论领域和实践领域都受到密切关注。实验稿课程标准自颁布以来经历了超过十年的教学实践的检验。为了能够与时俱进，同时巩固已有的课改成果、解决实验中发现的问题，贯彻《教育规划纲要》，进一步深化课程改革，自2003 ~ 2010年教育部组织了多次关于义务教育各学科课程标准（实验稿）修订的工作，力求使课程标准更加完善和成熟。修订后的课程标准，即义务教育课程标准（2011年版）已正式颁布。

2001年9月，新一轮的基础教育改革在全国启动。探究式教学作为《全日制义务教育生物课程标准（实验稿）》和《普通高中生物课程标准（实验稿）》所明确提出的生物课程的基本理念之一，成为课程改革的一大亮点。自此，中学生物学关于探究式教学的研究大量展开。

基础教育课程改革第一个十年刚刚过去，按照科技部项目的要求，本课题作为国家重大科技基础课题《中小学科学探究学习与创新人才培养》的子项目之一，就生物学科的科学探究学习与创新人才培养从实证研究的角度开展了一系列深入的探讨。

（一）研究背景

为促进科学探究学习在我国的深入开展，在提出《中小学科学探究学习实施指南》的基础上，科技部进一步设立了重大基础性专项课题，开展了《科学探究与创新人才培养实验研究》。《生物教学主题及案例开发研究》是项目研究的子课题之一。

本研究以《中小学科学探究学习实施指南》《义务教育生物学课程标准》为指导依据，针对中学生物探究学习中存在的主要问题，从学科教学角度探索问题解决的策略以及促进创新人才培养的探究教学主题及其教学案例，以促进中学生物教学质量的提高。

（二）研究具体目标

1. 提出我国生物科学教育中的问题解决策略。

2. 明确生物教学中在科学创新人才培养方面教师应把握的基本要素。

3. 开发并实践科学探究与创新人才培养的生物学科主题（初中、高中），形成具有实践指导价值的教学案例。

（三）研究内容

1. 研究生物学科的科学探究以及创新思维特点，在对实验学校教师进行相关理论和实践培训学习并达成共识的基础上，实验学校通过课堂观察研究，提出生物课堂探究学习中具有普遍性、典型性的问题。

2. 课题组将从实践的角度，围绕研究问题开展生物学科探究教学与创新人才培养的研究。

3. 立足生物教学实践，课题组开展生物课程探究教学主题开发研究，其中包括初中和高中两个学段。

4. 研究不同学段创新人才培养的共性特点，形成生物科学探究学习的教学案例。

（四）研究方法

1. 行动研究法：实验学校参与课题研究的教师将采取边教学边研究的方式，在研究中提升对探究教学的认识，在具体教学中感悟和体验科学探究学习的本质、要素，以促进生物课堂教学中学生学习方式的转变。

2. 课堂观察分析法：课题研究组提出并明确课堂观察的基本观测点，重点关注探究教学中教与学双方的思维活动，分析各种思维方式对科学创新思维培养的有利因素与不利因素。

3. 案例研究法：选择典型案例进行分析点评，围绕创新人才培养，明确指出案例中值得教师关注的要点。

（五）研究计划

1. 组织研究队伍，确定参与研究的具体实验学校和研究人员。项目研究自无锡启动会议之后，相继有17所项目学校参加。

项目学校：

广东省珠海市北京师范大学（珠海）附属高级中学

天津市塘沽一中

江苏省无锡市江南中学

江苏省南京师范大学附中（新城初中）

江苏省梁丰高级中学

江苏省常州市河海中学

江苏省扬州市梅岭中学

福建省福州市高级中学

甘肃省白银市第十一中学

江苏省南京二十九中

上海市延安初级中学

上海市莘格中学

浙江省临海市回浦中学

安徽省合肥市中国科技大学附属中学

陕西省西安铁一中

陕西省耀州区小丘中学

陕西省户县一中

2. 分工协作：项目组共同商议、明确各个项目学校课题研究组中专业研究人员、教研人员、一线教师等在研究工作中各自的责任，既要明确分工，又要密切协作。

3. 计划用两年时间，分四个阶段实施研究工作。

（1）培训跟进阶段：2011年3月，利用两天时间召开第一次子课题项目研究会。参加会议人员为各项目学校的子课题负责人，会议主要内容是对项目学校子课题负责人进行培训，以使大家的认识得到统一。针对“科学探究和创新人才”课题研究的具体任务，子课题负责人对各项目学校中参与课题研究工作的教师开展学习培训活动。

（2）课堂观察研究阶段：根据研究计划和子课题中不同项目学校的研究，开展课堂观察、分析，探究学习中的具体教学问题，结合实验学校的实际和生物学科探究学习的特点，提出并探索适合于不同学段的科学探究教学主题，计划用10个月的时间完成（含2个完整学期）。

（3）案例分析研究和理论提升阶段：课题组于2011年6月在西安召开第2次子课题核心成员会议。围绕生物科学探究教学主题，开展教学案例分析研究活动，在反思、学习的基础上，进一步改进和完善生物科学探究教学主题和具体探究活动的内容、程序以及需要注意的资源等问题。

（4）部分研究总结阶段：课题组将于2011年11月在珠海召开第3次各项目学校子课题负责人会议，就如何整理研究数据、案例和成果进行培训和研修，之后分别开展项目研究的总结工作，撰写研究案例、研究论文以及研究报告。

（5）研究成果数据补充、研究总结修改阶段：课题组于2012年3月，围绕初步形成的研究成果进行理论提升，完善课题研究成果，并提交教育部总课题组。

（六）开发生物科学探究学习的主题

课题组核心成员和项目学校进行多次研讨，从各自学校的实际出发，确定了“基于生物实验教学的探究”“基于生物课堂教学的探究”“基于生命科学史的生物探究”“基于数学、物理模型构建的生物探究”“将生物验证性实验改为生物探究性实验的探究”“基于教学反思的探究”等6个方面的研究主题。在研究主题确立的基础上，各项目学校开展了较为深入的科学探究学习与创新人才培养研究。

在一年多的教学实践探索中，各项目学校将生物教学课堂作为教育、教学研究的场所，一边工作一边研究，融研究于工作之中。同时，各项目学校边研究边总结，取得了丰硕的研究成果。

研究开展的过程及所取得的系列成果可以视为我国立足课堂教学、开展教育教学研究的真实记录，相信这些内容会对一线学校及教师落实教育新理念、实施科学探究学习起到一定的参考作用。

序　章

我国中学生物探究式教学现状与问题

当今世界呈多元化发展，科技进步日新月异，国际竞争也日趋激烈。为了提高国民的科学素养，培育高素质的创新型人才，提升本国的科技创新能力，提高国家的核心竞争力，为国家赢得生存和发展的先机，世界各国纷纷致力于科学教育的改革。探究式教学由于是突出学生主体地位，改变学生被动学习方式，大力培养学生创新精神和实践能力的新型教学模式，而在世界范围内获得了越来越多的关注。伴随我国基础教育课程改革的实施，探究教学作为生物课程的基本理念之一也被明确提出。

一、我国中学生物探究式教学现状

（一）文献研究

研究分析了 2002 ~ 2011 年有关生物科学探究学习的相关文献的研究特点与倾向，旨在把握探究式教学的理论研究和实践应用现状。面对海量的相关文献，研究选择了在我国生物教学领域比较有影响力的 4 种期刊：《中学生物学》《生物学教学》《中学生物教学》和《生物学通报》。这些期刊自我国基础教育课程改革实施以来密切关注中学生物学课程改革的实践，积极反映了中学生物教学的改革和发展情况。

本部分采用社会研究中的非介入性方法，由于研究者与研究对象处于不同时空，从而避免了研究者对研究对象可能产生的影响。通过分析关于探究式教学的理论研究和教学案例，对文献进行定量与定性的研究，以展现探究式教学在中学生物学领域的研究现状，发现问题并提出解决策略。

本研究对所收集的生物教学研究中有关“探究式教学”的 451 篇文章进行了数量分析。从时间分布模型来看，研究成果大体呈现出先增后减再增的趋势。在新课程改革的最初几年，即 2002 ~ 2004 年，论文数量基本保持在 50 篇左右；2005 年达到峰值（84 篇），这表明教师开始主动关注并积极探讨国家大力倡导的探究式教学，使探究式教学迅速成为新课程改革的热点；随着时间的推移，研究成果的数量在慢慢减少，它既显示出教师对探究式教学的冷静思考，也在一定程度上反映出其被关注度的减弱；2008 年后论文数量又达峰值（80 篇），这表明了基础教育课程改革跌宕起伏的历程特征，也说明教师坚持关注并深入研究探究式教学，不断折射出创新与发展的光辉。

伴随基础教育课程改革涌现出的大量研究探究式教学的论文，是一线生物教师落实新课程理念、努力推行探究式教学的积极展现。同时，也让我们看到研究还存在一定的局限性。

2002～2008年“探究式教学”研究的文献量（篇）统计

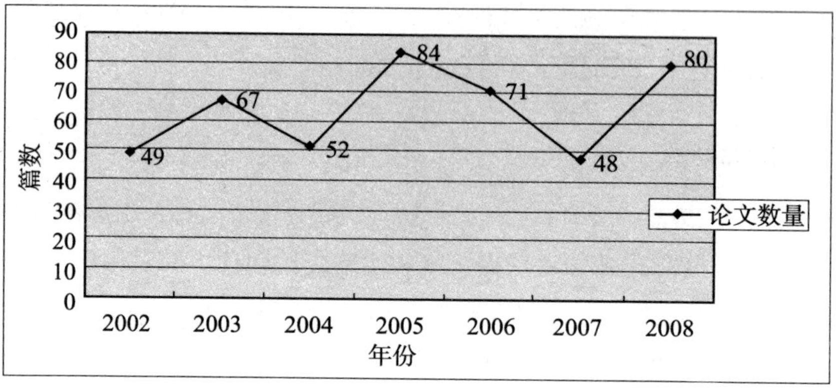

（二）文献研究反映的问题与分析

1. 理论基础薄弱

探究式教学理论基础的研究表现出的问题：一是研究浅尝辄止，教师在其成果的表述中，常常以相关的名词术语“武装”自己，并没有形成自己的解读。例如，简单地介绍和引用建构主义：“皮亚杰主张教学要以学生为中心，强调学生对知识的客观探索、主动发现和所学知识意义的主动建构。”实际上，建构主义内部派系林立，如在融合皮亚杰和维果茨基理论的基础上提出的“意义建构”，其知识观、课程观和学习观都为探究式教学提供了理论支持，但教师并没有对此进行深入研究；二是研究主要集中在教育学和心理学基础两方面，缺乏哲学、社会学、历史学等多视角的研究，如科学史和科学哲学中关于科学的本质、科学的方法论和认识论、科学知识产生与发展的历史等问题的探讨，均为探究式教学提供了十分重要的科学基础，但并没有引起教师的足够重视；三是研究没有及时吸收最新研究成果。对探究式教学的研究需要把最新鲜、最有影响的探索与进展吸收进来，如终身学习理论和主体性教育理论，是探究式教学与时俱进、适应时代发展的新要求。

由此可见，我国生物教学研究领域在探究学习理论基础方面仍然比较薄弱，对教育理论认识不清晰、不明确，必然导致在实践中出现种种问题。

2. 模式研究片面化

生物学教学模式的构建途径一般遵循两条轨迹：理论—实践—理论；实践—

理论—实践。前一种为演绎法，即首先找到需要解决的问题，然后针对问题提出假说，并借助理论思想设计出模式的雏形，再用实验验证其有效性，最后形成某种教学模式。后一种为归纳法，即先有实践经验，后归纳上升至教学模式的高度。许多有关教学模式构建的文献提出发现探究、问题探究、小组合作探究等教学模式，但仅有少数几篇阐述其思想内涵和理论基础并依托理论设计模式。所以，教师构建教学模式的方式基本为单一的归纳法，而极少使用演绎法，从而造成模式的理论根基不深，影响了模式的层次和推广。

许多教学模式的研究较多地采用了局部研究法，仅限于模式操作方法的研究。教学模式的构成包括教育思想和观念、功能目标、操作程序、应用条件、评价等，对其研究必须用系统论的方法进行整体建构。但教师过于注重单个模式的具体操作层面，而窄化了模式内涵，将模式降至与方法同等的层次，由此产生的效果无法与真正意义上的教学模式相提并论。

3. 学生自主探究水平低

根据学生自主探究程度的不同，可以把探究性问题的产生路径划分为 4 种类型（见表 1）。由路径 1 到路径 4，学生自主探究的程度越来越低。教师探讨探究性问题产生的案例共计 369 个，依据表 1 将其归类，学生提出问题直接或间接来自教师或教材的方式所占比例高达 67.4%，而学生经过独立思考提出问题的方式仅占 10.6%。可见，课堂问题更多是教师提出来的。教师习惯性地直接提出教材已设计好的问题或铺设过多指导性的问题台阶，引导学生往自己的观点上靠，而学生对问题的自主决定权被忽略，致使其探究活动处于被动地位。

表 1　探究性问题产生的路径

	1	2	3	4
探究性问题产生的路径	学生独立思考，提出一个属于自己的问题	学生提出问题的过程得到了教师或教材的指导	学生探究的问题来自教师或教材，但留有学生思考的空间	学生探究的问题直接来自教师或教材

课堂教学存在着不同类型的探究，依据活动过程中教师指导程度的不同，可以将探究分为不同的水平等级。目前，Herron 所开发的 4 水平探究分类体系应

用较广泛。它选择探究过程中提出问题、设计方案、得出结论三个活动要素，将探究分为 4 种差异显著的特征水平。之后，Sutman 通过增补方案实施探究要素，进一步修订了 Herron 的探究水平分类体系（见表 2 ）。

由水平 0 向水平 4 发展的过程中，探究的指导性逐渐减弱，而学生的自主性则逐步增强。文献提供的涉及探究过程中 4 个基本要素的探究案例共计 220 个。依据 Sutman 的探究式教学水平分类表将其归类，得出高层次的完全探究活动仅占 9.8%，水平 2 和水平 3 所占比例高达 77.8%，这说明学生在更多的时候只享有某两个或某三个要素的自主决定权，而其余要素的决定权仍然在教师手中，探究式教学局限于较低水平。

表 2　Sutman 的探究式教学水平分类

探究水平	提出问题	设计方案	实施方案	得出结论
水平 0	教师	教师	教师	教师
水平 1	教师	教师	教师	学生
水平 2	教师	教师	学生	学生
水平 3	教师	学生	学生	学生
水平 4	学生	学生	学生	学生

4. 教学评价口号化

文献研究发现，教师呼唤以人为本的探究式教学的评价，提出优化评价的方案大体可总结为以下两个方面：一是评价内容的多元化，包括知识识记评价、能力评价、情感态度与价值观评价；二是评价形式的多元化，可以是质性评价和量性评价相结合，也可以是自评、互评和他评相结合，还可以是终结性评价与形成性评价相结合等。但在实践中，教学评价却趋向口号化，具体表现在：第一，在 220 个探究案例中，只有极少数探究活动整合了教学评价，大多数教师忙于探究式教学的组织和管理，未将及时、恰当的评价纳入探究活动；第二，评价内容单一，教师过于关注实验方案的设计思路和方法的评价，忽视了对学生提出问题、构造假设、收集数据、分析数据、合作讨论、情感态度与价值观等方面的评价；第三，评价方法主要集中于学生自评、互评和教师总评，忽视了访谈、档案袋、概念图、调查问卷、观察学生行为等新课程所大力倡导的评价方法；第四，只用一两句话进行说明，让学生“评出一份优秀的实验报告”“评出最佳设计奖”或者“组内评选‘创意之星’”等，而没有给出对学生任务完成情况进行评价的评分规则，也没有评价结果的表述。评分规则是对学生表现的不同等级水平的描述，说明不同等级的表现具有哪些优点和缺点，没有明确具体的评分规则，学生无法清晰地知道自己的工作好在哪里，不好在哪里。

（三）课堂实践研究

科学探究学习使学生体验到探究过程的曲折和乐趣，增强生物对科学概念的认识与理解，提高科学探究能力，形成尊重事实、善于质疑的科学态度。自我国推行新一轮基础教育课程改革以来，通过对近百节课堂教学的观察研究，我们认为科学探究学习的实施已成普遍趋势，但在教学实践过程中，也存在着需要关注的问题。

物理、化学、生物都是以实验为基础的自然学科。加强生物科学探究学习使抽象理论变为直观现象，不但能启迪学生思维，拓展学生视野，使学生更好地理解和掌握知识，激发他们学习生物的兴趣，还能培养他们热爱生物科学的情感。在调研中我们发现，有些学校要求学生在教师把课程讲完以后去做实验，这种做法显然是违背学生学习规律的。因为教材上规定要开展的分组实验只有紧紧与单元或章节的教学内容相联系，及时开展实验，才能使学生及时巩固相关知识或全面理解某一知识，将所学知识与实践结合起来。书本知识是前人通过实验总结、概括出来的，学生掌握了书本中的理论知识，再通过实验及时得到验证，是认识过程中不可缺少的环节。把实验留到教完全部内容以后再集中去做，是对生物实验目的和意义认识的偏差，也是对教材编排目的和意义认识不足的表现。

个别学校因扩大招生规模，生物实验室被占用，加之个别教师认为在没有实验员的情况下，准备一节分组实验课要用很长的时间、花费很大的精力，于是，在黑板上做实验、报告册中填实验的现象在一些学校普遍存在。

调研中还发现，在一些生物探究实验中，学生未能遵守操作规则和实验步骤开展学习活动。例如，用手遮一只眼，用另一只眼去观察显微镜；装片制作以前没将载玻片擦拭干净；调节焦距时不是先将物镜接近玻片，再由上而下慢慢转动粗准焦螺旋，使镜筒缓缓下降；没用反光镜找光源就去观察切片，使视野较暗、视物不清等。这充分说明学生在实验技能方面存在较多问题，科学探究在学校表现出“放羊式”的教学现象。

典型案例及分析

2010年9月，研究者在西安市××中学初一（5）班进行课堂观察，本节课的实验目的是探究非生物因素对鼠妇生活的影响（非生物因素包括光、温度、水、空气等），本节课主要探究的是光对鼠妇生活的影响，即光对鼠妇的分布有什么样的影响。

1. 探究教学过程

（1）教师将学生课前捕捉的鼠妇分装在5个纸箱中，然后让学生交流自己是在什么地方捕捉到鼠妇的。学生回答后，让学生作出假设——假设鼠妇生活在阴暗的环境中。

（2）把全班30名学生按座位就近原则分成5个探究小组，每个小组选出小组长、记录员、纪律维护员和发言者。

（3）给每个小组发一个装有鼠妇的纸箱，每个箱子里大概有10只左右的鼠妇，再给每个小组发一张记录表，记录不同时间、不同环境下的鼠妇数量。记录表如下：

不同时间、不同环境下鼠妇的数量

环境	2min	3min	4min	5min	6min	7min	8min	9min	10min	11min
明亮										
阴暗										

（4）将装有鼠妇的纸箱一侧盖上，另一侧打开，使纸箱一半阴暗、一半明亮，静置2分钟，观察明亮处和阴暗处各自鼠妇的数目，每隔一分钟统计一次，并将观察结果填入表格。

（5）小组汇报统计的结果，分析结果与假设是否一致，并得出结论。5个小组都得出了与假设一致的结论，即鼠妇喜欢生活在阴暗的环境中。

（6）求所有小组最后的记录数据的平均值，各小组比较自己小组的数据与平均值是否一致或接近，如不一致分析其原因。

（7）学生思考：假设要验证鼠妇是生活在干燥还是潮湿的环境中，该怎样设计实验。

（8）将鼠妇交还老师，课后将鼠妇放回原地。

2. 探究过程中存在的不足

这一探究实验是初一新生学习生物学科以来接触到的第一个比较规范、完整的探究实验。在此之前教师已经简要介绍了探究实验的一般步骤，学生对探究实验有了初步了解，学生各方面素质相对而言属于中等水平，处于刚进入新环境、接触新学科的初始阶段，对生物学科学习的好奇心和积极性还相对较高，但是实际的操作能力和实验的规范化水平还很低。分析以上探究实验，具体存在以下不足：

（1）分组质量不均。在课堂探究学习活动中，教师按照就近原则分组，达不到组间同质、组内异质的要求。由于讨论组不是根据学生的能力来划分的，这就很可能造成讨论小组之间的探究学习效果存在很大差异。有的小组善于积极思考的同学比较多，讨论就比较热烈，但有的小组能力相对比较差的学生会多一些，这样，必然会出现一些不利于探究活动的因素。比如，达不到优势互补的目的。这样就会造成课堂纪律不好控制，并且有些讨论组根本就不会跟着教师的引导去思考，从而脱离课堂去想或者做一些与探究没有关系的事情。此外，由于各组整体水平不一致，所以在思考问题、解决问题的能力上肯定存在差异。探究课堂上提出的问题肯定是能力相对好一点的小组先得出结论，这样回答问题的机会就很有可能不均等，勤于思考的学生或水平较好的讨论组会得到很多表现的机会，在得到教师肯定后就会更乐于思考。但是，那些被忽视的学生或水平较差的讨论组很难跟上课堂的进度，得不到的表现机会，思考问题的积极性就会越来越低，最后必然脱离整个课堂。因此，按座位就近原则分组不够合理。探究实验应有自己的合作小组，可以固定也可以不固定，但一定要遵循组间同质、组内异质的原则。

（2）课堂秩序混乱。该生物实验是一个比较特殊的活体实验，为了减少其他因素对鼠妇的影响，应尽可能少的搬动鼠妇，尽量不要发出声响，以免惊动鼠妇，干扰试验结果。实际上，在实验过程中，由于有些学生对鼠妇比较好奇，所以会用手触摸鼠妇，使得很多鼠妇被惊吓得缩成一团或到处躲藏，严重影响实验结果。

（3）缺乏对学生实验关键环节思考的引导。教师在给每个小组分发足够的鼠妇后，就要求学生按照课本上事先安排的步骤进行实验。探究本来是一个开放式的活动，而我们的探究课堂从一开始就按照设计好的步骤一步一步往下进行，不经意间使探究课堂变成了一节验证性的实验课。这与探究实验课的目的是相背离的。

在探究课堂中，教师要想方设法提高学生提出问题和解决问题的能力，为学生创造积极思考的空间，不能让课堂探究流于形式，要认真挖掘每一个值得思考的问题。例如，为什么给每个小组分 10 只鼠妇，而不是 1 只或更多只呢？为什么放置鼠妇的纸箱要一半阴暗、一半明亮，而不直接用光照鼠妇，观察鼠妇的反应？为什么每个小组要记录 10 次而不是一次，等等。这些问题看似简单，却是探究实验的关键，特别是对刚接触探究实验的初学者来说尤为重要，这样不但可以为学生提供一些思考的空间，还可以充分调动学生的好奇心，让学生感觉自己是课堂的主人，是思考的主体，而不是跟着步骤一步步向前走的“机器人”。此外，培养学生探究的规范性、科学性思维以及设置对照实验的意识也非常有必要。规范化的设计、设置对照试验等，都是进行科学探究实验必备的素养，因此，让学生形成这方面的意识甚至习惯是必不可少的。

（4）学生的自主性体现不够，教学过程中是教师“告诉”学生做什么，而不是让学生自己设计实验。这个探究实验是初一新生学习生物学科以来接触到的第一个比较规范、完整的探究实验，而且生物又是学生进入中学阶段的第一门科学课程，在此之前学生所具备的基础科学知识还不多，对于注重实验、注重思考以及动手能力的探究实验课一时间不能很好适应。首先，学生在长期的学习过程中，已经习惯了“饭来张口，衣来伸手”的填鸭式教学，突然间要求他们马上从教师教、学生学的传统学习习惯转变成以自己为主体的学习方式，是有一定难度的。其次，学生对探究实验教学这一崭新的教学模式很陌生，体会不到探究实验课的意义。学生对自己在课堂上的评价长期局限在这节课学会了什么问题、做对了几道题、背过了几个知识点上，从来没有思考过自己在课堂上提出了几个问题、思考了几个问题、解决了几个问题。长期的学习习惯，使学生很难在探究课堂上转变角色，依然在等着教师告诉他们该做什么、怎么做。第三，教师在探究课前对学生的了解不够，而且习惯了告诉学生去做什么，下一步怎样做，结果把一节探究性的实验课变成了一节验证性的实验课，这也是很多学校都存在的一个问题。这种做法只是给传统的验证性实验换了一个外壳，其本质仍然没有变，学生还是按部就班地遵照老师的要求执行，没有自己的思考和创意，这对培养学生的创新精神和形成正确的科学探究观没有任何效果。

（5）缺乏推理和总结评价。在科学探究过程中，严谨的推理和总结是必不可少的，如何从所得到的数据推论出结果，是每位学生必须掌握的思维方式。当然，本次实验的推理过程比较简单，但重在养成这种意识，为以后探究实验的开展奠定良好的基础。实验结束后的总结与评价不仅可以激发学生的积极性，还能让学生明白，探究实验的成功与否不是看实验的结果是否正确，而是看实验操作是否规范、提出的问题是否是真问题、假设是否合理、推论过程是否符合常理、得出的结论是否与结果相符等，这些才是科学探究实验的本质问题。

3. 造成以上问题的原因

（1）客观原因：一是现有课程体制的局限性，如课时不足，每节课 45 分钟的限制让大部分探究实验无法完整实施。例如，初中二年级按照课程标准规定每周应有三个课时的生物课，但很多学校都把它设置为两个课时，任课教师为了赶进度，只好放弃这些“费时、费力”的探究实验。二是配套机制跟不上发展的需要，如关于探究实验的评价体系缺乏，教师无从下手或只能从个人的经验水平对探究实验作出相应的评价。三是基于生物学科本身在高考中所占比例偏少，大多数家长和学校又只是麻木地追求高升学率的现状，学校普遍不重视生物学科，甚至认为生物探究实验是一种浪费时间的事情。

（2）主观原因：教师是教学的组织者、策划者，教师对探究实验课的认识决定着其对探究实验课的设计思路。在面对探究实验课这种新型的课堂模式时，教师在理解上存在一些问题，对于新课程提出的探究实验的目的没有清晰的认识。在实际的教学过程中，对探究课堂的处理存在一些问题。有一部分教师的观念陈旧，特别是习惯了传统教学方法的教师，已经习惯了告诉学生知识点。而且一般教师对于一节好课的认识就是这节课讲了几个知识点，讲了几道题，这节课对于考试有没有用处，而探究实验教学很难满足这些教师的要求。因为探究实验课堂的好坏没有一个评价标准，虽然我们经常说探究实验课有助于提高学生的创新能力，思考能力，提出问题、解决问题的能力，但这些能力很难用试卷去评价，既然很难评价，那么做与不做，做好与做坏的区别就不是很明显了。抱有这些想法的教师显然不愿意花一节课的时间去做探究实验。此外，很多教师认为探究课堂应该是开放的，并认为课堂越开放越好，气氛越热烈越好，学生讨论得越积极越好，这样的认识很容易让探究课堂流于表面、华而不实，这样的探究学习课堂很难达到预期的效果。同时，这样的探究实验组织起来也比较困难，学生在没有正确引导的情况下，是很难发挥其主体作用的。实践表明，教师正确观念的形成是一个长期的过程，需要不断通过实践探索出来。

二、我国中学生物探究式教学面临的问题

科学探究是培养学生创新精神与实践能力的一个重要途径，对学生科学素养的提高具有重大意义。自我国进行新一轮基础教育课程改革以来，科学探究学习的实施已成普遍趋势。但当前中小学教师在对科学探究的认识和实践上，还存在以下几个较为普遍的误区，在实施科学探究过程中需要引起注意，并努力避免这些现象的发生。

（一）探究过程与探究结果的关系失当

科学探究重在展现环节的内在价值。探究是过程，而不是流程，探究不仅是行为经历，还是思维经历。虽然我们提倡注重探究的过程，但也不能忽视了探究的结果。有些教师把科学探究理解为重点让学生学习科学方法和技能，其次才是理解科学概念和原理，过分关注探究过程，而忽视探究结果。在科学探究过程中，学生需要以一定的知识为基础，在建立科学概念的基础上加深对科学本质的理解。

（二）探究学习中的师生关系失当

在以科学探究为主要学习方式的新课程理念下，教师组织教学活动时应充分体现学生学习的自主性，但由于学生认知水平等方面的限制，使得学生在科学探究活动中又离不开教师的指导。然而一些教师对学生主体地位的理解存在偏差，过分强调了学生的主体地位，从而弱化了教师的指导作用，主要表现在：有的教

师为了突出学生在探究学习中的主体地位，在组织学生开展科学探究活动时不做任何指导，完全放手让学生进行自主探究而不进行监督；有的教师对探究学习中教师指导与学生自主的程度把握不理想，即使指导了，也把握不好介入的时机和程度，从而影响了科学探究的效果。

（三）将科学探究学习唯一化

课程改革倡导学生采取以科学探究为主的多元化学习方式进行学习，并不是要求学生把探究作为唯一的学习方式。但是，有些教师试图把很多课程内容都通过探究的方式进行教学，为探究而探究，在教学过程中，不考虑学习内容的难易程度、客观条件是否允许，而一味要求学生进行探究。于是，课堂上常常出现学生的探究活动不能完成或者有过程无结果或者探究的结果没有实际意义等现象。其实，并不是所有的课程内容都适合以探究的形式来呈现，有些知识是很难通过探究活动展现出来的，而有些知识即使设计成探究的形式让学生参与，往往也是流于形式，对学生探究能力的培养和发展没有实际意义。

（四）将科学探究学习过程机械化、教条化

在新课程理念下，我们提倡运用探究的教学方法进行教学活动。但有些教师在组织教学活动时为了凸显探究，往往在实施过程中表现出很强的程序性，主要表现在对探究活动的几个环节不做任何调整和删减，完全照搬，从提出问题到表达交流，不敢漏掉任何一个环节，并且每个环节都试图充分展开，认为只有这样才是科学探究。其实，这是对探究理想化和教条化的理解，既不符合科学探究的精神，也不符合学生科学学习的规律。如果一味追求探究过程，往往会导致课堂时间不够，尽管探究活动开始搞得紧张热烈，但结果不得不草草收场。此外，有些教师片面地认为探究就是“动手做”，事实上，并不是所有动手做的活动都是探究学习，也不是所有的探究学习都要动手做。

（五）科学探究学习评价指向偏移

科学探究能提高学生的科学素养，如果能够在评价方面采用多元的动态过程评价，无疑能对实施探究教学起到推动作用。科学探究学习的评价应该是一个促进教师专业发展和学生发展的教育过程，但在实践中，评价表面化、重结果轻

过程、重知识获得轻学习态度等现象时有发生。

总之，很多教师理解“科学探究”的基本程序，也知道“科学探究”对学生发展的意义，但由于他们在过去接受的教育中极少接触探究学习，没有体验或很少体验过真正的“科学探究”，所以很难对“科学探究”有深刻而全面的理解。还有很多教师本身就缺乏探究的欲望，没有养成探究的习惯。因此，教师要加强理论和实践研究，关注在科学探究实施过程中的认识误区，修正对科学探究的理解偏差。

第一章

基于生物实验教学的探究教学案例分析

生物学是一门集实验性、实践性、科学性于一身的自然科学。实验是其基础，生物科学的形成和发展都离不开实验。通过实验来掌握生物的生命活动规律，是培养学生创新思维、探究能力、观察能力、实验操作能力和分析解决问题能力的有效途径。此外，通过实验还能培养学生理论联系实际的能力以及实事求是、严肃认真的科学态度，因此实验教学是中学生物学教学的重要组成部分，在生物学教学过程中有着举足轻重的作用。

第一节　培养学生科学探究精神的教学案例及点评

“植物细胞的吸水和失水”教学案例及点评

教学案例

案例适用年级及版本：七年级　苏教版

教学课时：1 课时

一、教学目标

1. 练习临时装片的制作和显微镜的使用。

2. 了解植物细胞吸水和失水的原理。

3. 提高学生探究性学习的能力。

二、教学重点、难点

1. 教学重点

（1）学会植物细胞吸水和失水的原理。

（2）学会合理设计探究实验。

2. 教学难点

了解植物细胞吸水和失水的原理。

三、教学资源

茄子、洋葱、食盐、烧杯、镊子、载玻片、盖玻片、显微镜。

四、教学过程

（一）创设情境，激发兴趣

教师展示从菜市场买来的菠菜，让学生观察其叶片为什么萎蔫，学生回顾已学理论知识，展开回答。

设计意图：生物学科是自然科学中的基础学科之一，是研究生物现象和生命活动规律的一门自然科学。生物知识来源于生活，从日常生活中的问题出发，有助于激发学生的好奇心和求知欲，培养学生的问题意识、质疑精神及提问能力等。

（二）回顾旧知，启动探究

演示实验：将两块同样大小除去果肉的茄皮分别放入装有自来水和盐水的烧杯中，观察茄皮在烧杯中的现象，并思考产生这种现象的原因。

设计意图：引导学生根据已有经验、已知信息和已学知识对所提问题的成因作出猜想，对探究的方向进行有根据的推测与假设。

（三）引导探究，建构新知

学生思考后会认识到是茄皮所在溶液的浓度影响了它的吸水和失水。外界溶液浓度大于茄子细胞内的细胞液浓度时，导致茄子失水；反之，则导致茄子吸水，这是从宏观上来看的。从微观方面看是怎样的呢？让学生自己设计实验进行探究。

设计意图：科学问题是开展科学探究学习的前提和出发点。科学探究要求学生善于观察、积极思考，能从日常生活、自然现象或实验观察中发现与科学有关的问题。在科学探究学习中，面对提出的问题，教师应启发学生根据已有经验和知识作出假设。假设能帮学生进一步明确要探究的问题，激发学生的想象力，提升学生的逻辑推理能力及创新思维能力。

（四）回顾观察植物细胞结构的实验

在此实验基础上，请同学们讨论：如何能在显微镜下观察到植物细胞的吸水与失水？怎么判断？学生讨论后明白，植物细胞的吸水与失水和液泡有关，因此只要观察液泡的形态变化即可。此外，洋葱鳞片叶外表皮的液泡内液是紫色的，很容易观察，所以可选择洋葱鳞片叶外表皮细胞进行实验。

在显微镜下进行实验，学生不知道如何选择不同浓度的溶液观察植物细胞，因此，教师需给予方法上的指导。

设计意图：在探究过程中，面对学生提出的猜想与假设，必须进一步加以证实。为此，教师要梳理探究思路，精心设计可行、可靠的实验方案，制订清晰、可操作的研究计划，从而保证探究过程顺利进行。这有利于培养学生科学思维的严密性，提升学生规划设计实验步骤的能力。

（五）引导学生进行实验

在学生了解实验步骤的基础上，教师对实验中需要注意的问题稍加提醒，然后让学生分组进行实验，并引导学生在实验过程中，观察、分析植物细胞在何种情况下吸水与失水。

设计意图：引导学生通过科学实验收集数据，学会使用基本的实验仪器，能进行基本的实验操作，并能如实记录实验过程，了解重复并客观收集实验数据的意义，通过实验培养其安全操作的意识。

（六）小组汇报交流

小组汇报实验成果后，组织学生巩固成功的操作方式，分析失败的原因。最后师生共同总结植物细胞吸水和失水的原理，并将这一原理运用到生活实际中去解释一些现象。

设计意图：表达交流不仅表现在探究结束后的成果展示，也贯穿于整个科学探究的过程中。学生在收集数据的实际操作过程中，可能会出现这样或那样的问题，这是正常现象。因此，教师在教学过程中，要注意让学生在做中学、在错中学，让学生认识到生物知识来源于生活实践，同时要回归到生活中去指导生活实践。

五、教学反思

本节课并不完全是教材中的内容，虽然在显微镜下观察洋葱鳞片叶外表皮细胞吸水和失水是高中必修的内容，但在培养学生创新意识和创新思维能力方面却是一个很好的素材。在整个实验过程中，有其成功之处，也有一些问题存在，具体如下：

（一）成功之处

1. 生物知识来源于生活，同时又作用于生活。在现实生活中，我们会观察到许多现象，但却不知道其原因何在，这就需要我们进行科学探究。而本次教学设计，正是在学生生活经验的基础上，进行了盐水演示实验，使学生初步了解了植物细胞的吸水和失水与植物所处的外界溶液环境有关。

2. 在显微镜下观察洋葱鳞片叶外表皮细胞的吸水和失水，现象非常明显。洋葱鳞片叶外表皮临时装片的制作，在本册书的前几章已经学过，学生已有实际的操作经验，为实验的成功奠定了基础。同时，这个实验也是高中必修的内容，将初中书本上的演示实验拓展成为高中所学实验，有利于初、高中知识的衔接。

3. 通过实际操作后，又让学生对实验过程及结果进行了充分的讨论，提高了学生学习的积极性。同时，在教师的引导下，学生能够高效地完成实验探究，增加了探究的有效性。

4. 在教学过程中充分运用小组合作讨论、探究的学习法，让学生通过合作解决问题，提高了学生的合作能力和交际能力。

5. 在对实验现象的分析过程中，注重培养学生对实验失败原因的分析，强调实验过程的重要性，能逐渐改变学生片面追求实验结果的心理。

（二）有待改进之处

由于实验技能的限制，在显微镜下滴加食盐水对学生来说有一定难度。同时，不正确的操作也对显微镜的物镜镜头造成了一定损伤。这就需要教师进行相关指导，确保实验顺利进行。

（三）研究结论

课后通过项目组成员的充分讨论，达成共识：不同学校的学生，不同的老师都可以上这种课。

（江苏省常州市河海中学　陈苏妮）

专家点评

本节课是站在理解新课程理念的层次去定位和设计的，在一节课内较好地完成了教学目标，使学生的整体能力得到提升。

在新课程理念下，本节课能引起我们认真思考的现象主要表现在以下几个方面：

1. 本节课的科学探究学习贴近学生生活，结合学生的认知特点和已有经验，从日常生活中发现探究的主题，引导学生在熟悉的生活情境和社会实践中感受了科学的意义。

2. 本节课的设计注重课程资源的开发。在课本知识的基础上，进行了相应的资源拓展。

3. 本节课教师先以演示实验从宏观上让学生认识了植物细胞吸水和失水的情况，初步了解了植物细胞的吸水和失水原理。之后，再以显微镜进行微观观察，使学生了解植物细胞吸水和失水的原理。

4.《生物学课程标准》倡导生物课的教学要提高每个学生的生物科学素养。本节课除了通过实验说明植物细胞吸水和失水的原理外，还增加了两个思考题，以促使学生将所学知识应用于生活，这对促进学生科学素养的形成具有积极作用。

“指甲油涂抹撕取法制作植物叶表皮临时装片”教学案例及点评

教学案例

案例适用年级及版本：七年级　苏教版

教学课时：1 课时

一、教学目标

1. 学会临时装片的制作方法和显微镜的使用。

2. 观察植物气孔的结构及功能。

3. 通过对植物叶表皮临时装片的制作，提高学生探究学习能力。

二、教学重点、难点

1. 教学重点

植物叶表皮临时装片传统方法的改进。

2. 教学难点

植物叶表皮临时装片传统方法的改进。

三、教学资源

多种植物叶片、指甲油、小烧杯、镊子、酒精灯、载玻片、盖玻片、显微镜。

四、教学过程

（一）创设情境，激发兴趣

展示新鲜白菜和存放多时的白菜，让学生观察它们有何异同。学生根据已学知识展开回答。

设计意图：科学探究源于人类的好奇心和求知欲，因此，在组织探究学习过程中，探究活动应围绕学生发现并提出的问题展开。从日常生活中的问题出发，有助于激发学生的好奇心和求知欲，培养学生的问题意识、质疑精神及提问能力等。

（二）回顾旧知，启动探究

引导学生回顾课本上观察叶片表皮气孔的方法，提出问题：在使用传统方法制作并观察植物叶表皮临时装片时，你会产生哪些疑问？

设计意图：引导学生根据已有经验、已知信息和已学知识对所提问题的成因作出猜想，对探究的方向进行有根据的推测与假设。

（三）引导探究，建构新知

学生思考后会发现，在利用传统方法制作植物叶表皮临时装片的过程中，对于还在植株上的叶片，其表皮气孔的状态不能肯定，观察到的都是采下来后的形态；碰到难以撕取表皮的叶片，传统方法不容易制作。面临的问题是：能否想到好的方法解决植物叶表皮临时装片传统制作过程中的问题。

设计意图：在科学探究学习中，面对提出的问题，启发学生根据已有经验和知识对问题的解决方法作出猜想、假设。在解决问题时，猜想和假设为收集、分析和解释信息提供了框架，也为制订探究计划或设计实验方案提供了参考。猜想、假设能帮助学生进一步明确要探究的问题，激发学生的想象力，提升学生的逻辑推理能力和创新思维能力。

（四）探究拓印方法

学生根据日常生活中看到的拓印方法可以有效地复制叶片在生活状态下表皮上气孔的形态。通过查阅资料发现指甲油是一种理想的材料——涂抹量小；原本为液态，干了之后可形成固态，薄而透明；液态与固态之间的转换所需时间短。引导学生分组讨论以指甲油涂抹撕取法制作植物叶表皮临时装片的方法及步骤。教师巡视并稍加点拨，最后全班梳理制作流程。

设计意图：在探究过程中，对于学生提出的猜想与假设，需要进一步加以验证。为此，教师引导学生梳理探究思路，精心设计可行、可靠的实验方案，制订清晰、可操作的研究计划，从而保证探究过程顺利进行，且有利于培养学生严谨的科学思维，提升学生规划设计实验步骤的能力。

（五）引导学生进行实验

教师提醒学生在实验中需要注意的问题，然后让学生分组进行实验。在实验过程中，让学生将指甲油涂抹撕取法与传统撕取法进行比较，分析各自的优缺点。

设计意图：教师的提醒不仅是实验科学性、规范性的保障，也体现了教师对课堂探究活动的指导作用。在实验过程中，能使学生学会使用基本的实验仪器，能进行基本的实验操作，能如实记录过程并进行比较，同时，能使学生具有安全操作的意识。

（六）分析实验现象

实验结束，各组代表汇报情况后，组织学生巩固成功的操作方法，分析失败的原因，完善指甲油涂抹撕取法制作植物叶表皮临时装片的具体流程。

设计意图：培养学生反思、评估探究过程和探究结果的意识，注意实验结果与猜想、假设间的差异，分析实验结果与预想结果不一致的原因，注意探究活动中未解决的矛盾，从中吸取经验教训，改进探究方案。

（七）讨论

组织学生讨论在临时装片制作中指甲油抹撕取法与传统撕取法的优缺点，并将讨论结果记录下来。

设计意图：培养学生主动表达观点的意识，使学生敢于发表自己的意见，并能用语言、文字、图表、幻灯片或模型等多种方式准确表述研究的过程和结果，培养其合作意识和团队精神。

五、教学反思

在本课教学实践中有以下两个方面值得反思：

（一）成功之处

1. 本课探究活动贴近学生生活，结合其认知特点和已有经验，从日常生活中发现探究的主题，引导他们在熟悉的生活情境和社会实践中感受科学的意义。

2. 在教学实施过程中，教师首先带领学生观察新鲜白菜和存放多时的白菜的区别，进而引出气孔。然后回忆传统实验中植物叶表皮装片的制作过程以及其具有的缺陷或局限性，引导学生提出问题，从而开展探究性学习。在整个教学过程中，我注重对学生的引导，培养了学生思考、反思的意识。

3. 在本节课的教学过程中，我作为学习的引导者，引导学生以小组的形式进行了探究。在课堂中，学生通过合作生成了很多我意想不到的问题，使我在教学过程中也随着学生一起成长，并且整个课堂氛围开放、民主，学生乐于去学习、去探究。

（二）有待改进之处

由于课堂时间的限制，无法让学生在课堂上将传统撕取法和指甲油涂抹撕取法一起开展。如果能将两种方法进行更直观、更形象的比较，对学生来说更有说服力，更容易总结出两种方法的优缺点。

六、研究结论

通过课后同项目组成员的研究和充分讨论，达成共识：本节课拓展了此类实验的探究视野和探究方法，效果较理想，对发展学生的思维能力和动手操作能力有很好的促进作用。

（江苏省常州市河海中学　马成）

专家点评

新课程改革实施以来，全国各地组织了各种各样的课改观摩课，但在学校常态课的改革方面还不够深入。听完这节课，感觉到研究项目的开展对教师深入思考课堂教学问题，积极促进学生提出问题、解决问题产生了很好的促进作用。

本节课的设计教师能够站在理解新课程基本理念的层次去定位和设计教学，真正贴近生活实际，激发学生思考，使学生在探究活动中整体能力得到了提升。

本节课引起我们思考的地方有以下几点：

1. 科学探究学习要贴近学生生活，结合其认知特点和已有经验，从日常生活中发现探究的主题，引导学生在熟悉的生活情境和社会实践中感受科学的意义。本节课的设计正是从这个原则出发的。

2. 本节课在学生如何改进实验方面的引导比较到位。通过教师的引导，学生在原有知识的基础上，找到了更好的实验方法，从而激发学生的潜力，使其获得更大的发展。

3. 在本节课的教学过程中，教师注重对学生归纳能力的培养。学生的学习不再是机械地知识学习，而是知识框架的构建。教师通过引导，帮助学生学会探究、学会学习，培养了学生自主学习的能力。

“神经调节的基本方式”教学案例及点评

教学案例

案例适用年级及版本：八年级　沪教版

教学课时：1 课时

一、教学目标

1. 知识与技能

（1）通过脊蛙的反射实验，了解反射是神经调节的基本方式。

（2）能描述反射弧的基本结构及其完整性。

（3）初步学会设计探究实验的方法。

2. 过程与方法

（1）能对观察到的反射现象进行分析，得出科学结论。

（2）能积极参与、亲身体验科学探究学习活动，进行生命科学探究实验的设计。

3. 情感态度与价值观

（1）在实验探究过程中初步养成实事求是的科学态度和勤于实践、乐于探究的科学精神。

（2）通过对实验方案的共同探讨，懂得尊重他人，学会与他人合作。

二、教学重点、难点

1. 教学重点

（1）理解反射是神经调节的基本方式。

（2）掌握反射弧的五个组成部分。

2. 教学难点

（1）反射弧的完整性。

（2）设计对照实验。

三、教学资源

牛蛙、烧杯、小纸片等材料，解剖剪、解剖刀、镊子、脱脂棉、蛙板、S 型挂钩、铁架台等实验仪器，0.5% 的硫酸溶液、0.65% 的生理盐水（蛙的生理盐水浓度）、蒸馏水等试剂，教学 PPT，实物投影仪。

四、教材分析

“神经调节的基本方式”是八年级《生命科学》第二章第一节第二目的教学内容。本课教学是基于一个增加的校本演示实验——脊蛙的反射来开展的，学生通过对实验现象的观察、讨论、分析，得出“神经调节的基本方式是反射”的结论，其结构基础是反射弧以及组成反射弧的五大基本结构。教学流程：实验观察—讨论分析—获得结论—实验设计—观察分析—得出结论。由于脊蛙实验对动物解剖技能的要求较高，故为教师演示实验。

本节课共有 4 个演示实验组成，边实验边探究，实验现象清晰可见，问题设置层层递进。

五、教学过程

实验一：完成一组对照实验

步骤 1：用硫酸纸片刺激脊蛙右后肢中趾，脊蛙出现四肢收缩的现象，由此现象得出结论——反射的中枢在脊髓。

步骤 2：剥净脊蛙右后肢中趾皮肤，用硫酸纸片刺激其右后肢中趾，脊蛙不出现反射现象。由此现象得出结论——感受器（皮肤）缺失，反射不能进行。

步骤 3：剪断脊蛙右后肢大腿处肌肉，用硫酸纸片刺激其右后肢大腿，脊蛙不出现反射现象，由此现象得出结论——效应器（肌肉）破坏，反射不能进行。

实验二：完成一组对照实验

步骤1：用硫酸纸片刺激脊蛙左后肢中趾。

步骤2：剪断脊蛙左后肢的坐骨神经，用硫酸纸片刺激其左后肢中趾。

该实验中，步骤1出现反射现象，步骤2不出现反射现象。由此得出结论——传入、传出神经（坐骨神经）破坏，反射不能进行。在此处设问：设置步骤1的目的是什么？

实验三：开展小组讨论，完成实验设计

脊髓是参与反射的基本结构吗？你如何开展实验研究？（实验方案由小组讨论得出）

步骤1：将硫酸纸片贴在脊蛙的背部，观察脊蛙的反应。

步骤2：捣毁脊蛙脊髓，将硫酸纸片贴在脊蛙背部。

该实验中，步骤1出现反射现象，步骤2不出现反射现象。由此得出结论——神经中枢（脊髓）破坏，反射不发生。

在三个核心实验完成后，进入讨论—归纳—总结阶段，同样也采用问题启发发现法。

问题1：通过刚才的实验，参与反射活动的基本结构有哪些？你能否按兴奋传递的方向将它们依次排列？［感受器（皮肤）、传入神经（坐骨神经）、神经中枢（脊髓）、传出神经（坐骨神经）、效应器（肌肉），由此得出反射弧的概念］

问题2：根据刚才的实验现象，要完成一个反射活动，反射弧中的五个组成部分是否缺一不可呢？（要完成一个反射活动，反射弧的五个组成部分缺一不可）

教学活动进行到此，学生的思维得以碰撞，提出了质疑：捣毁脊髓的脊蛙对硫酸纸片的刺激没有反应，是不是脊蛙已经死亡。于是，师生共同进行实验四的探究。

实验四：通过实验，解决质疑

在反射弧的各个部分被破坏之后，将脊蛙的腹腔剪开，让学生观察脊蛙心脏跳动的情况。实验证明，在反射弧的各部分被破坏后脊蛙的心脏仍处于跳动状态。

六、教学反思

本课设计的亮点在于学生知识的获得不是简单的灌输，而是基于实验现象的观察、思考、讨论得出的，这也是我校生命科学教学中一贯坚持的教学思想。以实验为载体，注重学生对科学探究实验设计能力的培养，科学合理地设置实验对照，考虑随时排除实验的干扰因素，如脊蛙反射弧各部分结构破坏前后的实验对照等。这样的教学模式有助于提高学生的实验设计能力及动手能力，提升学生的思维品质。

在实验过程中，学生常常会产生这样的疑惑：没有出现搔扒反射，脊蛙是否已经死亡。面对学生的疑问，在脊蛙反射弧的各个部分均被破坏之后，将其腹腔剪开，让学生观察脊蛙心脏跳动的情况，在实验事实面前，学生的困惑迎刃而解。

我在演示实验时，力求操作规范，动作干脆利落，破坏脊蛙的反射弧各部分结构力争在较短时间内完成，对学生起到很好的示范作用。

实物投影仪的合理使用，增强了学生观察实验的有效性。我在演示实验的过程中，采用转动实物投影仪镜头的角度、调节焦距，放大操作部位、用台灯补充光线等方法，提高了实验观察的清晰度。此外，在实验过程中，我注重培养学生对被实验动物的关爱之情，引导学生善待动物、尊重生命。

（上海市延安初级中学　李莹）

附：实验报告

神经调节的基本方式

班级：________ 姓名：________ 学号：________ 日期：________

一、实验目的

1. 通过观察脊蛙的反射实验，探究反射是神经调节的基本方式。
2. 了解反射弧的基本结构及其完整性。
3. 初步学会探究实验设计的方法。

二、实验准备

实验材料：

牛蛙、烧杯、小纸片。

实验仪器：

解剖剪、解剖刀、镊子、脱脂棉、蛙板、S 型挂钩、铁架台。

实验试剂：

0.5% 的硫酸溶液、0.65% 的生理盐水（蛙的生理盐水浓度）、蒸馏水。

三、实验步骤

实验编号	步骤	现象	结论
1	（1）用硫酸纸片刺激脊蛙右后肢中趾，观察现象（实验结束后马上用清水洗涤刺激部位）		
	（2）剥净脊蛙右后肢中趾皮肤，用硫酸纸片刺激其右后肢中趾，并观察现象（实验结束后马上用清水洗涤刺激部位）		
	（3）剪断脊蛙右后肢大腿处的肌肉，用硫酸纸片刺激其右后肢大腿，并观察现象（实验结束后马上用清水洗涤刺激部位）		
2	（1）用硫酸纸片刺激脊蛙左后肢中趾（实验结束后马上用清水洗涤刺激部位）		
	（2）剪断脊蛙左后肢的坐骨神经，用硫酸纸片刺激其左后肢中趾（实验结束后马上用清水洗涤刺激部位）		
3	（1）脊髓是参与反射的基本结构吗？你如何开展实验研究？ （2）略。		
4	将脊蛙的腹腔剪开，观察脊蛙是否还有心跳		

专家点评

该教学基于一个经典的生物学实验——脊蛙反射实验而进行，学生通过对实验现象的观察，讨论分析，得出了神经调节的基本方式是反射，其结构基础是反射弧及组成反射弧的五大基本结构，从而将科学探究与生物学核心知识学习融为一体，实现了学生由观察实验到自主设计实验的转化，这无疑对生物课程学习产生了重要意义。

该教学过程由四个实验组成，每个实验都有若干个实验步骤。学生学习也正是基于这一个个严密的设计思路、清晰的实验步骤而进行。学生在实验中知道了如何做、为什么要这样做、其结果是什么、造成这一结果的原因是什么，从而了解了生物体结构与功能的关系、科学探究实验与科学知识形成的关系。这一学习过程不仅符合生物学知识的学习规律，也使抽象的生物学知识的学习有了实践的基础。

该教学案例在有些地方线条过粗，如教学目标之一“形成对实验动物关爱的情怀”在教学过程中的展现不够。另外，教师是如何引导学生要善待实验动物，尊重生命的，在教学过程中体现的也不够充分，这是教师在今后教学研究中应该注意的问题。

第二节　培养学生动手实践能力的教学案例及点评

“探究酒精对水蚤心率的影响”教学案例及点评

教学案例

案例适用年级及版本：八年级　沪教版

教学课时：1 课时

一、教学目标

1. 知识与技能

通过实验，感知酒精对水蚤心率的影响。

2. 过程与方法

（1）通过讨论，了解实验设计中设置对照、控制变量、重复等原则的应用。

（2）学会数据分析的方法。

3. 情感态度与价值观

（1）感悟科学探究活动中实事求是、严谨求真的科学态度。

（2）认识酒精对生命健康的危害。

二、教学重点、难点

1. 教学重点

观察不同浓度的酒精对水蚤心率的影响。

2. 教学难点

掌握实验设计中设置对照、控制变量、重复等原则的应用。

三、教学资源

水蚤、显微镜、载玻片、盖玻片、吸水纸、吸管、不同浓度的酒精、秒表、计算器。

四、教材分析

“探究酒精对水蚤心率的影响”是《生命科学》教材第一学期第三章第二节第三目“生活方式与常见非传染病”的第二课时。本节课是学生在前一节课学习水蚤的形态结构、打点计数法计数水蚤心率的基础上，通过自己动手设计实验、完成实验来了解酒精对水蚤心率的影响，进而认识酒精对人体健康的危害。

五、教学过程

（一）创设情境，激发兴趣

首先由社会热点话题“醉驾”的相关新闻引发学生思考：酒精对人体健康的危害。归纳总结学生的发言，概括酒精对人体的神经系统、心脏、肝脏等器官造成的影响，进而引出本节课的主题——探究酒精对心率的影响，激发学生的探究兴趣。

（二）分组讨论，设计方案

提出问题:酒精是否会对水蚤心率产生影响。组织学生分组讨论，作出假设:酒精会对水蚤的心率产生影响。

随后由学生小组交流讨论提出设计方案。例如，用不同浓度的酒精刺激相同大小的水蚤，观察并记录水蚤心率的变化，分析酒精是促进还是抑制水蚤的心率。

（三）学生实验，记录数据

学生讨论后，请小组代表发言，交流各自的设计方案。然后通过酒精浓度如何设置、如何避免误差等问题引发学生思考，完善实验方案。在实验中，要提醒各小组注意使用相同大小的水蚤、使用相同数量的水蚤、酒精刺激后要停留相同的时间、每组实验要重复多次等问题。随后各小组根据实验方案进行实验，并记录数据。

（四）分析数据，得出结论

实验结束后，汇总各小组的实验数据，通过分析得出酒精是促进还是抑制水蚤的心率。如小组实验数据与假设不相符，则引导学生思考数据差异产生的原因。

（五）拓展延伸

引导学生用所学的探究方法探究其他物质对水蚤心率的影响，学生畅谈，合理即可。

六、教学反思

这是一节完整的、典型的探究性教学案例，让学生完整地体验了科学探究的一般过程。学生通过大胆的假设，自主设计并完成实验，从中学会了应用重复、设置对照、控制变量等原则来设计实验。

实验后的讨论部分有助于培养学生的思维能力。在汇总全班数据后可以初步得出实验结论，当学生的实验数据与预期不相符时，我积极引导全班同学一起思考这些数据产生差异的原因，培养学生实事求是的科学探究精神。

本节课通过不断提问引导学生积极思考，提升了学生的思维能力。但在时间、问题指向明确性、如何引导学生进一步思考等方面还有待进一步提升。

探究性学习是培养学生动手能力、思维能力最有效的途径。在初中生命科学教学中，我们应选择合适的教学内容、合理的教学策略，为学生的主动探究学习搭好平台。

（上海市延安初级中学　吴蓓蕾）

附：实验报告

探究酒精对水蚤心率的影响

班级：________ 姓名：________ 学号：________ 日期：________

一、提出假设

____

____

二、实验器材

水蚤、显微镜、载玻片、盖玻片、吸水纸、吸管、______浓度的酒精、秒表、计算器。

三、实验步骤

____

____

四、数据记录

心率（次/10秒） 浓度 次数	清水	____% 酒精	____% 酒精	____% 酒精
第一次				
第二次				
第三次				
平均值				

五、实验结论

____

____

专家点评

科学探究的关键是学生能否积极参与并亲自动手、亲身体验学习过程，这节课，教师首先对学生如何积极参与探究学习进行了研究，通过“文化名人醉驾受到了法律严惩”引出酒精会对人体的神经系统、心脏、肝脏等器官造成影响，利用社会热点话题对本节课要探究的主题给予自然铺垫的同时，激发了学生对“探究酒精对水蚤心率的影响”这一科学实验的兴趣。

如何使这一兴趣转化为学生积极学习科学实验方法，形成科学探究能力的动力？教师采用了分组讨论—形成假设—提出设计方案的方法。学生提出的方案是否合理？是否可行？针对这一问题教师进一步引导学生思考：(1)酒精浓度如何设置？(2)如何避免误差？例如，要注意使用相同大小的水蚤、使用相同数量的水蚤、酒精刺激后要停留相同的时间、每组实验要重复多次等，引导学生在进一步思考的基础上，完善实验方案。随后各小组根据完善后的实验方案进行实验，并进行数据记录。这一过程往往会成为学生进行科学实验能力训练的核心。实验结束，获得实验数据，能否由此得出实验结论？教师紧接着又进一步引导学生汇总各小组的实验数据，并对数据进行分析，引导全班同学一起思考这些数据产生的原因，培养了学生实事求是的科学探究精神，使学生在体验探究实验的同时进一步认识在实验中坚持设置对照、控制变量、重复等原则的重要性。

虽然这节实验课的教学时间有限，但教师对实验探究的引导作用十分显著。实验的设计紧紧围绕科学探究的几个关键问题展开，如明确探究主题、设计实验方案、修正实验方案、实事求是地记录实验数据、依据数据进行分析讨论、获得实验结论等，让学生体验了探究实验的完整过程，提升了学生的思维能力。

“血液的组成和功能”教学案例及点评

教学案例

案例适用年级及版本：八年级　沪教版

教学课时：1课时

一、教学目标

1. 知识与技能

(1)知道血液的基本组成及其主要功能。

(2)知道血液常规化验数据的意义。

2. 过程与方法

(1)通过血液分层实验和血液逐层显微观察实验，认识血液的基本组成。

(2)用所学知识解释血液常规化验的主要数据，并能了解异常数据反映的常见病。

3. 情感态度与价值观

（1）通过探究血液成分的实验及对实验现象的观察和分析，培养学生实事求是的科学态度。

（2）了解生物的形态结构与功能相适应的观念。

二、教学重点、难点

1. 教学重点

（1）知道血液的基本组成及其主要功能。

（2）能用所学知识解释血液常规化验的主要数据，并能了解异常数据所反映的常见病。

2. 教学难点

逐层抽取血液并用显微镜观察血液的组成，并描述所观察到的细胞的形态特征。

三、教学资源

新鲜鸡血、5% 柠檬酸钠、人血涂片永久装片、血液常规化验单、凝固血块等实验材料，显微镜、量筒、吸管、载玻片、盖玻片、镊子、吸水纸、培养皿等实验仪器，白细胞的作用、血小板的作用等图片，教学 PPT，显微摄像探头。

四、教材分析

“血液的组成和功能”是八年级《生命科学》第一章第二节第二目“什么是人体的内环境”的第二课时。在本节课前，学生已经学习了人体的构成以及人体内环境的概念及其组成，而血液中的血浆就是血液中血细胞生存的内环境。学生将通过本节课的学习，了解血液的组成和功能，初步学会阅读血液常规化验的主要数据，为后续学习“人体内环境的稳定”打下基础。

五、教学过程

（一）创设情境，激发兴趣

本节课以学生既熟悉又陌生的验血报告单导入，激发学生探究血液的好奇心。随后通过学生交流课前完成的血液分层实验及血液逐层显微观察实验，引导学生探究血液的基本成分。

（二）分步实验，完整探究

血液分层实验是学生自愿报名从教师处领取已配置完成的柠檬酸钠抗凝剂前往菜市场采集鸡血，待采集的鸡血静止后观察血液分层现象并做好记录。血液分层后，要求学生进一步提取每一层物质进行显微观察。观察每一层有无细胞，细胞的数量、大小、颜色、形状等形态特征，并进行总结归纳。这两个实验在课本中仅要求学生观察血液分层装置及人血涂片，在这里作此设计，是希望学生自己动手完整地体验探究过程，通过自己的观察得出血液的组成成分，而非被动接受血液的基本组成的相关知识。

（三）交流展示，巩固知识

学生交流展示实验观察结果，教师将学生的观察结果展示出来，并通过问题引导学生阅读教材、浏览图片等使学生掌握各成分的功能，进而引导他们了解生物的形态与功能相适应的观念。例如，引导学生观察思考为什么红细胞是双面微凹圆盘状的（有助于扩大红细胞运输氧气的面积）。

（四）联系实际，学会阅读

在观察了血液，学习了血液的成分及功能后，引导学生通过学习阅读验血报告单活动判断患者的病因，巩固所学知识。例如，验血报告单中血小板数值偏低，患者可能有凝血障碍，因为血小板有凝血、止血的作用。

六、教学反思

本节课主要通过两个探究实验，即血液分层实验、血液逐层显微观察实验，让学生动手探究血液的组成成分。虽然实验有一定难度，尤其是血液逐层显微观察实验，对学生的实验动手能力有一定的要求，如要求学生能够动手采样、显微观察。不过，通过教师的引导，学生的探究实验最终获得了成功。

这两个探究实验既是本节课的重点，也是本节课的难点。通过这两个探究实验，不仅可以提升学生显微观察能力、表达交流能力，还可以引导学生学会观察、勤于思考。

本节课通过显微摄像探头将学生观察所得投影至屏幕，让学生了解每一层血液可以观察到什么影像，有效地提高了实验的效果。

本节课让学生体验了探究实验的完整过程，并通过不断提问引导学生进行思考，提升了学生的思维能力。但在问题指向性方面还有待提高，尤其是要进一步思考如何从实验失败的学生的回答中生成一些有用的观点，并用于自己的课堂，这是我需要不断提高、不断磨炼的基本功。

（上海市延安初级中学　吴蓓蕾）

附：实验报告

血液的组成和功能

班级：________ 姓名：________ 学号：________ 日期：________

一、实验目的

1. 通过血液分层实验和血液逐层显微观察实验认识血液的基本组成。

2. 通过阅读教材、观看图片等，掌握血液中各成分的主要功能。

二、实验器材

实验材料：

新鲜鸡血、5% 柠檬酸钠、人血涂片永久装片、血液常规化验单、凝固血块。

实验仪器：

显微镜、量筒、吸管、载玻片、盖玻片、镊子、吸水纸、培养皿。

三、实验步骤与方法

活动一：观察血液的分层现象

1. 采血：从菜市场活鸡身上采取新鲜血液，放入预先加有抗凝剂（5% 柠檬酸钠）的试管内。

2. 静置：将其静置______小时。

3. 观察：你观察到血液发生了____________现象。

活动二：观察血液的组成成分

1. 4 人一小组，进一步进行探究实验。

2. 分别抽取试管的上层、中层、下层的液体用显微镜进行观察。（注意顺序）1 人负责观察上层，1 人负责观察中层，1 人负责观察下层，另外 1 人负责用显微镜观察人血涂片，随后交换观察。

3. 从细胞的颜色、形状等方面进行观察。

4. 完成下表，如没有细胞则用“/”表示。

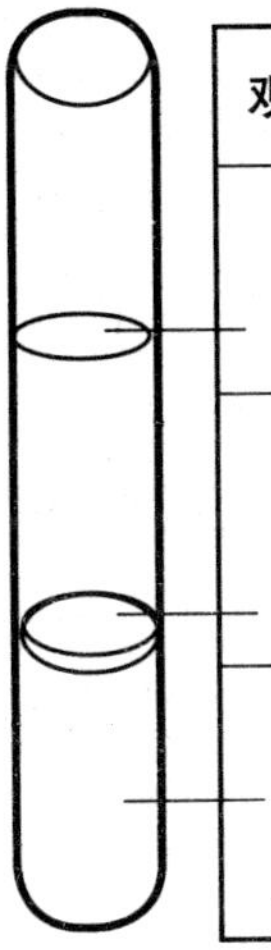

观察位置	颜色	名称	细胞的形态（颜色、形状、数量等）	功能
上层				
中层				
下层				

专家点评

生物科学探究是拓展学生科学视野的重要手段。通过对血液的基本组成及其主要功能的探究可以让学生观察到肉眼看不到的微观世界，极大提高学生探讨科学问题的兴趣。

该实验探究让学生通过自己动手探究血液的组成成分，将科学探究过程转化为探索科学问题、形成科学探究能力的过程。由于实验有一定的难度，尤其是血液逐层显微观察实验，所以教师对学生的实验动手能力提出了一定的要求，如要求学生自己动手采样、显微观察等，从而大大改变了学生的学习习惯，提高了他们的动手实践能力。学生通过实验探究了解了血液的成分及功能后，教师又引导他们通过阅读验血报告单判断患者病因，使学生认识和体验到有关的生物学知识是通过自己动手实验观察获得的，从而记忆清晰，产生成就感。

该实验探究的最显著的亮点是血液分层后，教师要求学生进一步提取每一层物质进行显微观察，观察每一层有无细胞，细胞的数量、大小、颜色、形状等形态特征，并进行总结归纳，这一实验要求超出了书本要求。教师在研究教学、研究学生认知能力的基础上作此设计，是为了让学生自己动手完整地体验探究过程，通过自己的观察得出血液的成分，而非被动地接受相关知识，从而使学生获得知识的思维过程趋于严密，符合学生的认知逻辑，弥补教材设计的缺陷。

从这一教学案例我们认识到，科学探究学习的过程不仅是学生进行思考、提升科学思维能力的过程，也是教师不断创新、提高课堂教学水平的过程；认识到探究性学习是培养学生动手能力、思维能力、全面掌握知识的最有效途径。在初中生命科学教学中，教师应选择合适的教学内容、合适的教学策略，为学生的主动探究学习搭建平台。

“制订健康计划活动”教学案例及点评

教学案例

案例适用年级及版本：八年级　沪教版

教学课时：1 课时

活动时间：4 周

一、教学设计

教材中并未要求进行此项活动，这是我校自行设计安排的研究实践性课程，主要由教师辅导、学生活动、交流汇报三部分组成。

“制订健康计划活动”探究时间安排在第一学期末，寒假开始前。通过教师的活动指导，寒假期间学生进行实践、记录结果，并于第二学期初结合论文交流、“健康之星”称号评选等活动共同开展。其目的在于为初中《生命科学》第一学期第三章第一节“新的健康观”打下基础，通过学生自身的所见、所闻、所想，加强学生对所学知识的认同、习得和强化研究性方法，增强学生对课程的情感认识。

指导课主要通过对一些权威部门健康标准的介绍作导入和借鉴，给学生探究活动设计以参照和资料查找的方向。研究性活动中必然涉及种种研究开展的方法，如控制变量、问卷调查、数据处理等，我校生命科学备课组及科学备课组通过相互之间的内容衔接、创设，很好地解决了学生的这一需求，并通过系统的教授和训练使学生可以将相关知识融会贯通。所以，在本次的辅导教授过程中，教师只需要注意对学生进行方法上的引导，告诉学生如何恰当地使用探究方法以达到相应的目的，而不需要对具体方法进行太多介绍。同时，在指导课中，教师需要展示备课组所设计的评分细则，告诉学生如何更好地完成此次探究活动，使评分细则成为一种有效的驱动力。

在实践活动的实际开展过程中，需要备课组各教师协同其他参与教师一起针对学生的分组、开展时间、活动地点做好确认工作，保证此次实践活动有序、安全地开展。教师的积极参与，从情感上来说也是对学生极大的鼓励。

在汇报交流阶段，备课组除按照公布的评分细则公正地评价每个小组的活动外，还要联合年级组、班主任寻找适当的场所和方式，将学生研究性学习的成果进行展示，以起到宣传和鼓励的作用，使学生保持良好的探究热情。

二、研究反思

生命科学是一门注重实践、注重体验的学科。虽然我校已大幅度增加了学生的课堂实验，但这些实验多受课堂时间和空间的限制，学生充分的探究及活动还没有完全得到体现。所以,生命科学备课组设计了此次“制订健康计划活动”的实践,希望学生在获得充分指导和时间的前提下,完成一次探究性学习。同时，这也是知识与社会的结合，鼓励学生关注社会热点问题，真正达到学以致用的目的。

另外，本次课程的重点在于引导学生科学地设计活动问卷和方案，以达到教师预期的目的，使整个活动体现出应有的科学性，而不流于形式成为一次普通的社会实践。因此，必须注意以下几点：

第一，要注意课程前后对科学方法教授的一贯性，从各种教学中体现探究方法的应用性和重要性。

第二，需要对活动进行周密策划，体现出活动的严谨性，加强学生对活动的重视。

第三，实施有效评价。面对学生形式多样的探究过程，合理地进行评价，是对学生探究积极性的最好评价。

第四，交流、宣传。要使探究性实践的成果得到充分宣传，需要教师对学生的探究活动进行正面的、积极的回应，强化学生的探究热情。

这种实践探究活动，从发展学生情感态度上来讲，要注重学生的自主性、主动性，以学生自身的积极探索过程为学习的线索和引导，以学生自身对课题研究的热情和求知欲为驱动力；从学生能力技能的获得来讲，探究性学习注重学生发现问题、提出问题、搜集信息、应用知识、解决问题等一系列研究能力，有利于学生熟练掌握科学研究的基本方法和步骤，成为一个创新型的人才。

（上海市延安初级中学　张浩波）

附 1：

“制订健康计划活动”方案

一、活动目标

1. 知识与技能

（1）初步获得有关生命健康的一些基本事实，概念、原理和规律的基础知识，身体健康的评价方法。

（2）初步认识生命科学与人类生存和发展的密切关系以及健康对生活的意义。

（3）初步获得社会调查、数据统计、研究报告的撰写等基本技能。

2. 过程与方法

（1）能有意识地运用生命科学知识解释某些较简单的生命现象和相关实际问题，如中学生的健康状况、如何积极改善健康状况等，养成科学思维的习惯。

（2）能积极参与并亲身体验科学探究类的学习活动，进行简单的生命科学探究实验。

（3）能初步运用信息技术获取、处理和表达有关生命健康的信息。

3. 情感态度与价值观

（1）对生命世界充满好奇心，初步养成求真务实的科学精神和勤于实践、乐于探究的科学态度。

（2）逐步养成健康的生活态度和良好的行为习惯。

（3）通过共同探究的学习活动，懂得尊重他人，学会与他人合作。

（4）关注与生命科学有关的社会热点问题。

二、活动意义

通过本次活动，帮助学生树立新的健康观，制订中学生的健康标准。在制订健康标准、评价健康计划的过程中，使学生初步接触科学研究活动，明白撰写研究报告的基本步骤。本次活动有助于培养学生的创新精神，有助于培养学生的信息加工能力、动手操作能力、语言表达能力，也有助于培养学生的问题意识和批判精神。

三、活动形式

以 5 ～ 6 人为小组开展健康评价表设计、调研、分析、交流活动。

四、活动内容

小组：撰写并修改中学生健康评价表。（参考书目《大众医学》等，可咨询家长）

组员：根据小组制订的健康评价表进行健康调查。对每一个调查对象作出合理评价，找出其存在的健康问题，并制订具体、明确、可行的健康计划。

小组：汇总结果、交流展示。

五、活动进程

2010.12.30：告知活动要求、评价方法。

2011.1.7：完成分组，课代表做好分组记录，并收集组长联系方式。

2011.1.18：上交初步设计的健康评价表。

2011.1.19：由任课老师分组指导学生修改“健康评价表”。

2011.1.24：小组完成调查、分析总结。

返校日：小组交汇报 PPT（发至老师 email）、小组交活动报告、每个人交 3 份健康调查表。

2011.2.21 ~ 2011.2.25：学生进行演讲，同时小组间进行评价，教师对各小组进行评价。

附 2：

研究报告撰写基本框架（学生撰写）

______________活动总结报告

一、活动目的

1.____

2.____

二、活动分工

（建议 5 ~ 6 人，组长、设计员、汇总员、汇报员等）

组长：（姓名）__________所做工作______________________________

组员：（姓名）__________所做工作______________________________

三、日程安排

_______年____月____日________所做工作______________________

四、工作内容

1. 小组设计的调查表。（交附件）

____

____

2. 对调查表所做的修改，修改的依据是什么？（这也是本活动的创新点）

____

____

3. 调查测试展开的过程。（人数、对象等）

____

____

4. 如何分析结果。（对数据进行处理的思路）

____

____

五、测评结果及分析

1. 以清晰简洁的方式对测评结果进行描述，可以借助图表。

____

____

2. 对测评对象的健康建议。（以具体实例说明）

____

____

六、活动体会

____

____

七、参考文献

____

____

八、致谢

____

____

九、评价方式

1. 小组成绩 = 教师评分成绩 + 小组间评分成绩平均分 + 提问加分。

2. 组员成绩 = 小组成绩 ×50%+ 组员自评、互评成绩平均分 ×50%。

3. 组长加分，根据本小组完成报告情况等将组长所加分数分为三个等级，优秀：5 分，良好：4 分，一般：3 分。

附 3：

学习活动评价表

健康评价活动教师用表（表一）

____________________班

（每项 5 分，总分 50 分）

评价项目	小组名称 / 评价内容							
情感态度	材料递交及时							
	PPT 制作情况							
	活动开展充分							
实践活动	小组分工合理							
	对调查表格的修改合理，具创新点							
	获取知识渠道的多样性与合作性							
成果作品	活动报告规范，条理清晰							
	数据分析合理							
	健康计划合理且有针对性							
	演讲表达清晰							
提前演讲加分								
提问加分（每个提问 1 分）								
小计								

健康评价活动小组间评价用表（表二）

班级＿＿＿＿＿＿＿＿　填表人＿＿＿＿＿＿＿＿

（每项 5 分，总分 45 分）

评价项目	小组名称 评价内容							
情感态度	PPT 制作情况							
	活动开展充分							
实践活动	小组分工合理							
	对调查表格的修改合理，具创新点							
	获取知识渠道的多样性与合作性							
成果作品	活动报告规范，条理清晰							
	数据分析合理							
	健康计划合理且有针对性							
	演讲表达清晰							
小计								

健康评价活动组员自评互评用表（表三）

班级＿＿＿＿＿＿　填表人＿＿＿＿＿＿

（每项 10 分，总分 100 分）

评价项目	评价内容＼成员姓名						
情感态度	积极参与活动						
	主动提出设想、建议						
	不怕困难和辛苦						
合作交流	主动和同学配合						
	认真倾听同学的观点和意见						
实践活动	对活动方案修改有创意						
	会用多种方法收集、处理信息						
	积极调查并反馈						
活动成果及展示	数据处理贡献						
	文章撰写贡献						
小计							
平均分							

备注：平均分一栏由组长负责填写。

第二章

基于生物课堂教学的探究教学案例分析

生物工程是本世纪的热点之一，对社会进步和科学发展起着重要作用，所以我们必须加强生物科学教育，而生物科学教育的主渠道是课堂教学，因此，如何提高生物课堂教学的有效性就成为一个值得探讨的课题。新课程理念要求生物教学要面向全体学生，着眼于学生全面发展和终身发展的需要，提高学生的生物科学素养，倡导探究性学习，这就要求我们改变传统的课堂教学方式，充分发挥学生的主体作用，让学生积极愉悦地参与生物教学活动。

第一节　培养学生团队精神的教学案例及点评

“种子萌发的条件”教学案例及点评

教学案例

案例适用年级及版本：七年级　苏教版

教学课时：1课时

一、教学目标

1. 知识与技能

（1）通过栽培不同内部条件的种子，了解种子萌发的内部条件。

（2）通过探究，了解种子萌发的外部条件：适宜的温度、充足的空气和适量的水。

2. 过程与方法

（1）提高自主设计实验的能力。

（2）通过观察实验现象，进一步明确设置对照实验、控制单一变量的原则，提高运用科学探究法解决问题的能力。

3. 情感态度与价值观

（1）通过亲身体验探究活动，提高学生学习生物的兴趣。

（2）培养实事求是、认真严谨的科学态度。

（3）通过对比分析种子萌发的内部、外部条件，初步树立内因、外因辩证统一的观念。

二、教学重点、难点

1. 教学重点

种子不同萌发情况的分析。

2. 教学难点

对照实验的设计。

三、教学资源

“探究种子萌发的条件”实验需要的时间较长，半个月前，教师就可下发各类种子（包括粒大饱满的优质种子、虽完整但已煮熟的种子、胚严重受损的种子），让学生利用课余时间在学校的实验花圃中进行分组栽种。

四、教学过程

（一）明确实验的目的

“探究种子萌发的条件”实验目的有两个：其一是让学生通过栽培不同内部条件的种子，观察、分析种子的不同萌出情况，分析种子萌发的内部条件；其二是让学生把粒大饱满的优质种子栽种在不同的外界环境中，通过观察种子的萌出情况，分析种子萌发的外部条件。通过一系列的栽培实验，逐步提高学生运用科学探究的方法解决实际问题的能力，同时激发学生科学探究的兴趣。

（二）进行科学探究

1. 提出问题

学生通过栽培不同内部条件的种子，仔细观察种子萌出情况，经过思考，能提出一系列问题。例如，种子在同样的外部条件下，有的能萌发，有的不能萌发，这是为什么？如果要让种子在适宜的外部条件下萌发，必须具备哪些内部条件？若具备了这些内部条件，种子就一定能萌发吗？

2. 作出假设

假设是在观察和已有知识的基础上提出的。在探究种子萌发的外部条件时，多数学生认为种子萌发的必需条件有土壤、阳光、空气、水、温度和肥料等，那么这些假设是否正确，需要通过一系列的实验加以验证。

3. 制订计划

拟订计划，设计实验。我们把全班学生分成甲乙两个大组，甲大组探究“种子萌发的内部条件”，乙大组探究“种子萌发的外部条件”。每个大组再分成若干小组，以小组为单位，根据各小组提出的影响种子萌发的条件，设计实验方案。

要使实验获得可靠的结论，必须设置实验组和对照组，其中对照组的实验必须是同一条件下的不同要求。例如，若探究种子萌发的外部条件是温度，那么设计方案中就要有常温、低温和高温，而其他（如空气、水等）外部条件就要完全相同。

4. 实施计划

根据各个实验方案，有计划、有步骤地逐一实施。甲大组中每个实验小组把不同内部条件的种子栽种在适宜的环境中，乙大组的各个实验小组把准备好的粒大饱满的优质种子，栽种在各小组设置的不同的外部条件中。每天观察种子的萌发情况，把实验数据记录在小组设计的表格中。

5. 得出结论

各小组在实验的基础上得出结论。各小组的实验结果与作出的假设一致吗？这是为什么？

编号 外部条件	①号实验组	②号实验组	③号实验组	④号实验组
充足的空气	√	×	√	√
适量的水分	√	√	×	√
适宜的温度	×	√	√	√
萌发情况	不萌发	不萌发	不萌发	萌发
分析原因	温度：是种子正常吸水、呼吸以及顺利进行营养物质转化的条件	氧气：种子进行呼吸作用的物质，能分解有机物释放能量	水分：可使种皮变软，影响营养物质分解吸收	影响种子萌发的外部条件：空气、水分和温度

以上探究实验中实际包括三组对照实验，其中①号与④号对照，主要探究______________；②号与④号对照，主要探究______________；③号与④号对照，主要探究______________；②号与③号能构成一组对照实验吗？请说出你的理由____。

通过这个探究活动，你的实验结论是____________。

6. 讨论交流

各小组交流自己的实验设计方案和实验结果。

组织学生讨论实验设计方案是本探究活动的核心内容，也是教学难点，如何组织讨论非常关键。“探究种子萌发的外部条件”在探究活动中涉及设置对照实验和控制单一变量等问题，对学生来说有很大难度。例如，有两组学生在探究温度对种子萌发的影响时，把实验组的种子放在了冰箱的冷藏室中，把对照组的种子放在了常温室内，结果造成了实验的误差。为什么会有误差？怎样减少误差？围绕这些问题，学生进行了分析讨论。有学生分析道：一个放在冰箱冷藏室，一个放在常温室内，这样做虽然温度有较大差异，但同时光照条件也发生了变化，因为冰箱冷藏室里是暗的，而室内的种子是有光照的，这就不只是受温度这单一变量的影响了，所以造成了实验误差。那么，怎样设计正确的实验方案以减少误差呢？通过讨论分析，学生一致认为可多设置几组实验，将种子分别放在透明的冷柜、透明的保温箱及非透明保温箱外，创造只有单一变量（低温、高温和常温），而其他条件（如水分、空气）均完全相同的实验环境。经过多次讨论交流，学生进一步明确了设置对照实验及控制单一变量的原则，也了解了多组对照实验的设计方法。通过探究，学生不仅体验了科学探究的过程，同时也掌握了科学探究的方法，培养了严谨踏实的科学态度。

7. 探究学习实验总结

（1）特殊情况的处理

通过本实验的探究活动，学生得出结论：有完好的胚且外界提供充足的空气、适量的水和适宜的温度，种子才能萌发；若种子的胚被损坏，即使提供合适的外界条件，种子也不会萌发。

但在讨论的过程中，有学生提出："一粒完好的种子在外界条件充足的情况下，一定会萌发吗？半个月前，我精心栽种的小麦种子为什么到现在还没萌发呢？"这一问把大家给难住了，教师可以笑而不答，引导学生作出大胆的假设，鼓励他们多方求证。这时，有的学生到图书馆查阅相关资料，有的学生上网搜集相关资料，还有的学生向有经验的农技师傅请教，终于找到了原因：一粒种子要顺利萌发的内部条件，除了要有完好的胚之外，还要求种子处于非休眠期和寿命之内。例如，大麦、小麦、棉花种子的休眠期为 1 ～ 2 个月，而处于休眠期的种子，无论外界条件多么好，种子也不会萌发；小麦、水稻种子的寿命一般有 2 ～ 3 年，白菜、蚕豆种子的寿命一般有 5 ～ 6 年，处于寿命期之外的种子其实已经死亡，也是不会萌发的。有关"种子的休眠与寿命"这一知识与实际生活密切相关，特别是种子的休眠特性，其实是种子对外界不良环境的一种适应，这种休眠对保证植物种类的繁衍具有重要意义，对这一点，学生应该清楚明白。另外，有些种子由于种皮太厚，水分进不了种子内部，也不能萌发。若想让它们萌发，可采取特殊处理：用沙子与种子摩擦、切伤种皮或者去除种皮，可以促其萌发。

（2）消除认知误区

“万物生长靠太阳”，学生普遍认为阳光是种子萌发不可缺少的必要条件，真的是这样吗？教师可引导学生把干黄豆的种子放在浸湿的棉花上，并将其中一组放在室温有光的环境中，另一组放在室温的暗箱中。通过观察，学生发现：在暗箱中的黄豆照样能顺利地发芽，而且与光照组的发芽情况没有明显的差别。由此推断：光照并不是种子发芽的必要条件。

五、教学反思

科学探究是人类揭开自然界奥秘、获取知识的重要途径，生物学就是这样一门实验性很强的学科，我们学习生物学的同时，也应该学会科学探究的基本方法。我在设计实验教学时，一方面注意了实验内容的科学性、实验材料的多样性和实验方式的开放性，另一方面也注意了实验教学应结合学生心理、生理特点，因地制宜，积极引导学生自主探究和主动参与，通过提出问题—作出假设—制订计划—实施计划，培养了学生的观察能力、实验能力和小组合作精神；通过实验数据的记录、整理，实验结果的分析、讨论，培养了学生严谨求实的科学态度、敏捷的思维能力和创新能力。

总之，现代的生物学教学应加强探究性实验教学，提倡在教学中重实践、重过程、重体验，让学生在探究实验的过程中，掌握科学探究的基本方法，形成科学的价值观，提高科学探究的能力。

（江苏省无锡市江南中学　李晶）

专家点评

想要加强实验教学，提高学生的科学探究能力，首先，要求教师改变传统的教学方法，学会转变角色，努力做学生探究过程中的引导者。苏联教育家赞可夫说过："教学法一旦触及学生的情绪和意志领域，触及学生的精神需求，这种教学法就能发挥高度有效的作用。"其次，教师应该创造各种环境，让学生通过动手操作、实验观察、对比分析、合作交流，自主获得生物学知识。李老师便在探究式教学模式上作了积极的尝试，这源于她对学生"学习需求"的细心观察。李老师用自己的案例诠释了《生物学课程标准》的理念，真正做到了面向全体学生。李老师把学生置于学习的中心地位，妥善处理了学生主体与教师主导的关系，使学生在自主探究、互相质疑、共同释疑中真正成为学习的主人。实践证明，凡是学生通过自己的探究活动而获得的知识或经验，会理解得更深刻，记忆得更牢固。这样做不仅能很好地完成预期的教学目标，而且通过探究活动，学生学会了科学探究的基本原理和基本方法，锻炼了发现问题、分析问题和解决问题的能力。

"生物的遗传"教学案例及点评

教学案例

案例适用年级及版本：八年级　苏教版

教学课时：1 课时

一、教学目标

1. 知识与技能

（1）通过对自己一些身体性状的观察以及对父母身体性状的调查，在自学的基础上进一步理解性状、相对性状和基因的概念。在观察和调查的基础上举例说出性状、相对性状，初步形成调查能力。

（2）能够描述基因、DNA 和染色体之间的关系。

（3）能够说出基因在亲子代间的传递。

2. 过程与方法

通过对遗传途径的分析，在观察、探究和质疑等活动中探究基因、DNA 和染色体之间的关系和染色体在生物的上、下代间的传递规律，学会分析事物的方法。

3. 情感态度与价值观

（1）尝试运用遗传学知识解释一些遗传现象，深层次地感悟生命遗传。

（2）通过教学过程中的一些小组活动体验合作的科学精神。

（3）关注先进的生物技术给人类带来的影响。

二、教学重点、难点

本节教学的重点也是教学的难点。

1. 性状、相对性状、基因的概念。

2. 遗传物质在生物的上、下代间的传递规律。

三、教学资源

学生：

1. 提供自己与父母同拍的照片及孪生兄弟、姐妹的照片。

2. 收集能反映遗传现象的谚语和俗语。

3. 在家庭中调查自己与父母相像或不相像的形态特征和生理特性。

在上一节课结束时，给学生发了一张调查表，让学生对自己家庭成员的某些性状进行调查，调查结果便作为学生上课时的讨论材料。调查表如下：

家庭成员身体性状调查表

特　征		父亲	母亲	自己
卷舌	能卷舌			
	不能卷舌			
耳垂	有耳垂			
	无耳垂			

（续表）

特　征		父亲	母亲	自己
眼睑	双眼皮			
	单眼皮			
拇指背屈	直拇指			
	背屈拇指			

调查前教师应做到：

（1）要求学生如实填写表格中的内容，不能为完成作业而随便填写。通过这项活动培养学生认真负责的科学态度。

（2）向学生说明如何识别这些性状特征，特别是“眼睑”这一特征中的“双眼皮”“单眼皮”，应说明不是美容后形成的特征。

教师：

1. 准备若干张能反映遗传现象的照片。

2. 用多媒体制作染色体数目在生殖过程中的变化。

四、教材分析

基于对课程标准相关内容的钻研，认识到生命在生物圈中是不断延续和发展的，这是生物的生殖和发育、遗传和变异，并与环境的变化相互作用的结果。其中，生殖和发育是表因，遗传和变异是内因。本节是八年级下册第六单元第二十一章第一节的教学内容。教材在“生物的生殖和发育”之后安排遗传和变异的内容，是探讨生命如何延续和发展的自然深入。对生物遗传和变异的学习又为后面生命起源和生物进化知识的学习奠定了基础。因此，本节教学内容起着承上启下的作用。

从教材内容的组织形式来看，本节内容从经典遗传学的庞大体系中提取了几个关键名词：遗传、性状、相对性状，作为入门，再逐步深入到后面的性状与基因和染色体、基因控制生物的性状、人类的性别决定以及人类主要的遗传病等内容。这样的内容组织符合学生的认知规律，体现了学科内在逻辑与学生认识规律的统一。

五、教学过程

（一）情境导入

1. 父母携子女外出会朋友，朋友对其相貌相似与否的评价。

2. 展示父女、母子、兄妹、孪生兄弟的照片和收集的俗语、谚语。

设计意图：用学生自身的一些特征以及学生所熟悉的生活中的遗传现象作为教学情境，不仅能丰富教材内容，还能激起学生的学习兴趣，同时也暗示学生“处处留心皆学问”，只有善于观察、相互比较、勤于思考才能真正学好生物知识。

（二）引入新课

1. 遗传现象

（1）学生活动

①学生以小组讨论的形式分析调查报告。每个小组选择一项特征，分析该特征在上、下代传递中有几种方式。

②全班讨论，引导学生积极提问。

设计意图：课前安排学生调查家庭成员的某些性状，让学生对“性状”这个概念有了感性认识。安排学生自学的目的是希望学生能通过自学掌握知识，这样教师可以在课堂上少花时间讲解，把更多的时间留给学生，让他们提出问题，为学生的质疑服务。

（2）教师活动

提出问题：生物是怎样把自己的性状传给下一代的？（或者“生物通过什么途径把自己的性状传给下一代的？”）

（3）学生活动

讨论：父母能否直接将具体的性状传给孩子？父母传给孩子的是什么？

2. 遗传物质

（1）提出问题

设计意图：此部分内容虽然要求学生课前自学，但由于遗传物质是一个比较抽象的概念，学生在自学和尝试运用时会遇到一定的困难。让学生将自学时遇到的问题带到课堂上，通过师生互动和生生互助解决问题。

这部分内容是本节的重点和难点，也是课堂讨论的中心。对“基因”这一名称，学生从各种媒体和一些科普读物上已经有所了解，但不一定能认清基因的本质。

只有让学生对染色体在体细胞和生殖细胞中的变化以及在生物上、下代传递中的变化有深刻的理解，才能帮助学生进一步理解基因的概念，为下节课学习“基因和性状之间的关系”打下基础。因此，这里要给学生充足的自学、讨论和交流的时间，让小组成员能够代表小组充分发表见解，展示小组的学习成果。教师通过学生的回答整理出基因与DNA、染色体之间的关系以及基因的概念。

（板书“染色体、基因的概念，染色体数目变化”）

（2）同学、教师答疑

设计意图：学生的思维十分活跃，自学能力也很强，能够结合教学情境提出问题，并能将问题表述清楚。学生在自学过程中会有一些关于遗传问题的困惑，如爸爸、妈妈都是双眼皮，为什么我却是单眼皮？难道我不是他们的孩子？为什么有的孩子像父亲，有的孩子像母亲？等等。教师在学生质疑的前提下，整合学生的问题，明确课堂教学的目标。

（三）知识拓展

1. 基因控制生物的性状

此部分内容根据学生的质疑情况灵活安排。根据教材的编排，第一课时一般仅能完成“生物的遗传现象”“生物的性状与基因和染色体”这两部分内容的学习，但是考虑到在进行家庭成员性状调查和自学过程中肯定会有个别学生因自己某一性状既不像爸爸又不像妈妈而产生困惑，所以在拓展环节可视课堂情况灵活安排“基因控制生物的性状”这部分教学内容。

2. 先进技术

教师向学生推荐生物领域中比较先进的科学技术——克隆技术和转基因技术。

（四）学习巩固

1. 学生总结

2. 教师小结

设计意图：学生对学习过程进行小结，不仅能够对知识进行重新建构，而且能对知识形成过程中采用的思维方式产生新的理解和感悟。教师小结是对本节教学内容的概括，有助于学生理清思路。

六、教学反思

本课在教学设计中就学生活动进行了新的教学尝试，变以教师设疑为主的讨论模式为建立在学生自学基础上的学生质疑和师生共同释疑的共同讨论模式。

为什么要做这样的教学尝试呢？促使我改变教学方法的是我的学生。有一次，我按照课文结构讲完了新课的内容，为了帮助学生巩固所学内容，我又给学生出了一道题，想让学生通过思考、归纳、总结得到答案。结果题目一出，学生都抬头用期待的眼神看着我，我问学生是不是想让我告诉他们正确答案，学生居然异口同声地说是。从学生不假思索的回答中，我看到了他们的思维惰性。课后我问了几名学生："为什么要等老师的答案而不自己开动脑筋思考？"学生说："动脑筋有什么用，最后老师还是要告诉我们正确答案，而且考试时就是以标准答案来判卷。"学生的话对我触动很大：从小学甚至幼儿园开始，我们对学生的要求就是老师讲什么，学生学什么，考试背什么，我们给学生的心理暗示总是老师是对的，于是，当学生所思所想与老师不同时，就会认为老师是对的，久而久之学生就失去了产生疑问的兴趣，失去了自己动脑解决问题的能力。当今社会，瞬息万变，一位化学家说过，每周用 18 个小时将世界化学杂志和论文浏览一遍，需要 48 年。可见教师对自己的专业知识也只能掌握部分，何况广泛的社会知识。因此只有教会学生学习的方法，教会学生思考，让学生敢于质疑，才能让他们主动地去学习更多的知识。

于是，为了激起学生思考的欲望，我尝试改变教学方法：课前，有意识地指导学生预习，并让他们将不懂的问题带到课堂中，通过的大家讨论解决心中的疑惑。刚开始，学生的问题并不多，质量也不高，不会将知识与日常生活相联系。对此，我提示学生考虑问题的方向，教会他们运用发散性思维。几节课下来，学生的问题越来越多，而且问题的质量也越来越高，很多问题我都无法解答，只能在课后通过查阅大量资料来解决。后来在同事的提醒下，我除了让学生质疑，还让他们自己查阅资料回答其他同学的问题，使他们学会了自主学习，对其创新精神的培养大有裨益。

学生提出的问题都是他们自己关注的问题，大部分都与生活、学习有关，甚至有些是科学界的尖端问题，这使我体会到，作为教师不仅要教会学生学习的方法，还要使知识贴近生活、贴近学生、贴近科学，进而激发学生的求知欲望。

本着这样的教学思想，我在"生物的遗传"教学设计中尝试加入了"学生质疑"这一新的教学方法。在备课时，我设想通过这节课的学习使每个学生树立生物的遗传和变异是普遍存在的生物现象、遗传和变异是通过生殖和发育过程完成的、没有遗传就没有相对稳定的生物界、没有变异生物界就不可能进化和发展等观点。因此，我将整节课设计成相互联系的四个板块：导入新课—预习检查—质疑释疑—课堂总结。

（一）导入新课

课前我和学生一起收集能反映子女与父母相貌相似的照片，学生的积极性非常高，带来了很多照片。在课堂中展示这些照片，使学生兴致盎然、全身心地投入新课程的学习，自然界普遍存在遗传现象这一结论便很快就被学生接受和认同。

（二）预习检查

在安排学生小组讨论、分析汇报对家庭成员的某些性状调查的结果时，通过提问检查了学生对性状、相对性状以及遗传概念的识记和理解。接下来我引导学生回忆染色体的概念并展示几种生物染色体的数目，让学生进一步理解不同物种生物的细胞中染色体的形态结构和数目是不同的，同一物种又是相对稳定的。最后在对染色体组成的分析中引入基因的概念。如此环环相扣，通过课堂上师生的问答、学生的归纳、教师的讲解，使学生的思维处于高度集中的状态，让学生在较短时间内更深地理解了本课的基本概念，有利于学生对自学的知识进行复习与巩固。课后，有很多学生告诉我，以前对生物概念的理解往往只是在课堂上听老师的解释，很快就遗忘了，考试时只能死记硬背。现在，通过课前预习、课堂检查和分析理解，感觉生物概念比较容易记忆了。

（三）质疑释疑

通过对预习内容的检查，学生已经掌握了与遗传相关的知识点，但是要让他们分析日常生活中的遗传现象还有一定难度。再加上学生在预习阶段肯定会产生很多疑惑，此时安排学生自由提问，在师生互动、生生互动中解决心中的困惑，通过质疑、释疑的过程让学生主动获取自己想了解的遗传知识，会有很好的教学效果。

因为设计了学生质疑这个教学过程，作为教师在备课时就要特别注意收集信息和资料，并设想学生大概会从哪些方面来质疑。例如，在进行家庭成员性状调查后，如果学生提出了“我的某一性状既不像爸爸又不像妈妈，是怎么回事”

这样的问题，我该怎么办？所以我在教学设计时安排了质疑拓展环节，教师可视课堂提问情况灵活安排“基因控制生物的性状”这部分内容的教学。果然，一开始上课就有学生提出了这个问题。由于事先做了准备，“基因控制生物的性状”的内容便顺利传授给了学生。但教师在备课时不可能把学生想到的问题都想到，而且对于学生提出的问题也不可能全都会回答。对于这种情况，我设计了三种解决的方法：第一，对于不会的问题直接说不会，并且询问有没有同学查到有关资料，如有则让同学来回答，如无则不予回答，让学生回去查资料，寻找答案。第二，对于出乎意料之外的问题，可用缓兵之计，让学生先讨论，教师也参与学生的讨论，可能学生的讨论会给教师以启发。讨论结束后，先让学生讲，教师再补充完善。第三，对于意料之中的问题，教师不可包揽，可以先答一小部分，要留出问题让学生回答。这一点，我深有体会。在课堂上当学生提出“什么叫‘破译基因密码’？破译了基因密码对人类有什么好处？”的问题时，我直接回答了提问。结果课后就有同学对我说：“老师，我在自学的时候也查到了一些关于‘基因’和‘基因密码’的知识，刚才那位同学提出的问题我也会回答。”如果课上我能先将问题抛给学生，让有能力的学生回答，我从旁辅助，那么既可保护学生学习的积极性，又能取得更好的教学效果。

（四）课堂总结

让学生对本课内容进行小结，并用屏幕将本节课的几个主要知识点以大纲形式扼要罗列，再一次加深了学生对本节课基本概念的理解和掌握。从同学们的课堂和课后作业情况来看，学生对本节课的重点和难点已基本理解并掌握，而且还能娴熟运用所学知识解释生活中的遗传现象。

总之，新教学方法的尝试，让我感受到了学生对生命科学探索的欲望和对知识孜孜不倦的追求。这种建立在学生自学基础上的学生质疑和师生共同释疑的共同讨论教学模式，既可以让学生牢固地掌握书本知识，又可以让学生学会主动地从生活中获得知识，更重要的是让学生懂得了“处处留心皆学问”的道理。教学的成功激励着我在不断地实践中探索新的课堂教学模式。创新之路是漫长的、曲折的，但成功将是非常美好的。

（江苏省无锡市江南中学　戴珺）

专家点评

细读戴珺老师的教学案例，深切地感受到她在新课程理念指导下对教育教学的思考与实践，尤其是教育理念与教学行为的并重与并进。

对教材的系统梳理和深刻解读是精心设计教学的前提与基础。基于此，戴老师在案例的开篇便有了“教材分析”单元，对核心概念、教材地位、教学方法的选择等作了详尽的解析，从而促使教学过程彰显“走进新课程、体验新课程、实践新课程”的理念，既尊重教材又高于教材，实现了教学过程、教学内容、教学方法、教学手段等的优化，也便有了诸教学环节的流畅。

与传统的备课相比，戴老师的教学设计更注重“备学生”，即对学情的分析。这充分说明她对新课程理念的理解比较到位，“为学生的有效学习而设计”的理念已植根于她头脑中，落实到具体的教学行为中。

更有意义和价值的是，戴老师在教学方式的转变上作了积极的尝试，这源于她对学生“学习需求”的细心观察。在“学生自学、组际质疑、师生共同释疑”的探究学习过程中，戴老师诠释了课程标准的探究学习理念，从而真正做到面向全体学生，把学生置于学习的中心地位，让学生自主探究、互相质疑、共同释疑，使学生真正成为学习的主人。

“生物的遗传”一课，内容看似浅显易懂，其实是培养和提升学生生物科学素养的重要依托。基于此，戴老师在教学设计及实施中积极尝试对学生科学思想、科学精神的培养，以及在科学思维、科学方法方面的训练，从而真正提高学生的生物科学素养。

“鸟类”教学案例及点评

教学案例

案例适用年级及版本：七年级　苏教版

教学课时：1 课时

一、教学目标

1. 知识与技能

（1）通过对家鸽形态结构、生理行为的观察与探究，阐明家鸽适于空中飞行的形态结构特点。

（2）通过对各种鸟类的观察与比较，能概述鸟类的主要特征。

（3）概述鸟类与人类的关系。

2. 过程与方法

（1）通过对鸟类图片资料的分析，提高学生收集和处理信息的能力。

（2）通过对“鸟适于飞行的特点”的探究，让学生初步形成发现问题、分析问题和解决问题的能力。

（3）感悟科学的观察方法。

3. 情感态度与价值观

（1）通过小组观察活动，让学生形成乐于探索生命奥秘、勇于追求科学真理的优秀品质以及团结合作精神。

（2）促使学生关注我国珍贵的鸟类资源，形成爱护鸟类、热爱大自然的情感态度。

二、教学重点、难点

对“鸟适于空中飞行的特点”的观察、分析活动。

三、教学资源

学生分组调查、收集鸟类的图片或文字资料以及与飞行有关的资料，活家鸽，家鸽的剥制标本，家鸽羽毛标本，家鸽骨骼标本。

四、教学过程

（一）认识各种鸟类及其与环境相适应的特点

师：天空是鸟儿的天堂。自古以来，鸟类就与人类相伴，是人类的朋友。鸟类卓越的飞翔能力、艳丽的色彩、动听的歌喉、奇妙的本能行为，强烈地吸引着人们的注意，并给人以美的享受和科学的启示。

（播放视频“千姿百态的鸟类”，展示鸟类飞翔的情景）

学生观察各种鸟类的飞行姿态，思考其生活习性与生活环境相适应的特点，思考并想象鸟类为什么有这么强大的飞行能力。列举自己最熟悉的一种鸟，描述它的生活习性。

每组选一名代表介绍一种鸟类的生活习性。（课前已安排学生分组调查、收集鸟类的图片或文字资料）

师：这几位同学介绍得真不错。同学们，面对各种不同的鸟，你最想了解的是什么问题呢？

生：鸟为什么能飞？

师：问得好，我想这也是很多同学关心的问题，让我们通过观察家鸽一起来寻找答案吧！首先我们要了解家鸽是人工饲养的鸟类，根据其用途，可分为信鸽、肉鸽和观赏鸽等。

设计意图：课前组建学习小组，收集、整理材料，均放手由小组成员去完成。对材料的收集和整理工作，使学生在探究问题和解决问题的过程中自觉形成了良好的学习习惯，掌握了学习的基本技能和基本方法，为学生的终身学习打下基础。

（二）实验探究家鸽适应空中飞行的特征

师：请同学们观察家鸽的体形，它的身体呈什么型？这与它的飞行有什么关系？（展示家鸽标本）

生：家鸽的体形呈流线型，飞行时可减少阻力。

师：流线型是前圆后尖，表面光滑，略像水滴的形状。具有这种形状的物体在流体中运动时所受到的阻力最小，所以汽车、火车、飞机机身、潜水艇等外形常做成流线型。

（欣赏课件，感受流线型的美）

师：请同学想象一下，把家鸽的羽毛全部去掉后，它的体形会是怎样的？有羽毛和没羽毛的家鸽在体形上有区别吗？这说明了什么？

生：羽毛覆盖在身体表面，形成一层防风的外壳，并能使家鸽的身体呈流线型。

师：下面请同学们对照信息库的内容观察家鸽羽毛的分布和种类，分别用肉眼、放大镜观察。

（生找出正羽和绒羽，分析它们在鸟体上的分布以及与飞行的关系，观察羽枝上的羽小枝和羽小枝上的羽小钩，它们互相钩住连成整片）

师:苏轼《赤壁赋》里有一句“羽扇纶巾,谈笑间,樯橹灰飞烟灭。”这里的“羽”是鸟类的正羽还是绒羽?

生：正羽。

师：正羽分布在家鸽的什么部位？有什么功能？

生：分布在家鸽的两翼和尾部，用于飞行。

师：我们冬天穿的羽绒服用的是正羽还是绒羽？

生：绒羽，具有保温作用。

师：（展示家鸽飞行图片）请观察家鸽飞行时两翼有什么变化。

生：两翼羽毛会撑开。

师：下面请三位同学来测量家鸽的翼与体宽的比例，一位同学展开并固定家鸽，一位同学负责测量数据，另一位同学负责记录数据、公布测量结果。

（三位同学测量，其他同学观看家鸽飞行的录像，思考两翼的作用，可查找相关资料）

师：当家鸽飞行时，两翼展开，可以看到羽毛一片挨着一片呈覆瓦状排列，翼向下挥动时连成了一整片，在翼下空气的反作用力下使自己的身体获得向上的举力。翼上举时，每片羽毛从水平方向向上略微转动，使空气在飞羽之间通过，不会使鸟体下降。这就是鸟翼在鸟类飞行中的主要功能。

师：（出示风筝图）同学们都喜欢放风筝，但你们会扎风筝吗？知道风筝的骨架可以用什么扎吗？为什么？

生：风筝的骨架要用竹子、细铁丝等很轻的材料。

师：（出示家鸽骨骼标本）请一位同学来掂一掂家鸽骨骼的重量，一只鸟的骨骼仅占其体重的5%，而人类的骨骼约占体重的20%。家鸽的骨骼为什么会这么轻呢？阅读课文第86页。

生：家鸽的骨很薄，比较长的骨大多是中空的，里面充满了空气。

师：（出示骨骼图片）请同学们观察家鸽的骨骼标本，看看哪一块骨最为发达？（引导学生观察胸骨及其特点）胸骨最发达，其腹面中央有一个纵向的脊状突起，叫龙骨突。它对飞行有什么意义呢？（引导学生认识发达的胸骨上附着发达的肌肉）

生：增加了胸骨的表面积，可以附着更多的胸肌。

师：下面请一位同学上来感受一下家鸽发达的胸肌，并估计一下胸肌的重量占整只家鸽体重的多少，思考发达的胸肌与家鸽的飞行生活有什么关系。

生：发达的胸肌可以牵引两翼上下扇动，完成飞行。

师：现在我们也活动活动，扇动我们的双臂模仿鸟的飞行。

（生挥动双臂）

师：很累吧？鸟类的飞行比这运动可剧烈多了，它的强度是在地面奔跑的几十倍，但鸟类的肺的体积和弹性都不大，那它们如何满足剧烈运动需要消耗的大量氧气呢？（出示课件：鸟类呼吸系统图）原来在鸟类身体里有辅助呼吸的气囊。气囊是怎样辅助呼吸的呢？

（观看课件——鸟的双重呼吸，师生共同总结双重呼吸的过程和意义）

师：剧烈的运动除了需要大量的氧气外还需要什么？请看一段资料：一只小知更鸟在学会飞行的第一天，所吃的蚯蚓连接在一起有 3.5 米长；一只麻雀一天吃的食物，相当于自身体重的 10% ~ 30%；蜂鸟一天所吃的蜜浆，约等于它体重的 2 倍；体重为 1500 克的雀鹰，能在一昼夜吃掉 800 ~ 1000 克肉。假如你是一只鸟，以你现在的体重，你一天要吃多少食物？看了这些数据，你对鸟类适于飞行的特征有什么新的认识？

生：飞行时能量消耗大，所以鸟类的食量大，这样才能产生更多的能量。

师：鸟类在不停地找东西吃，有没有同学捡到过由于吃得太多导致身体过重而从空中掉下来的鸟呢？为什么鸟类吃那么多却还能轻快地在空中飞行呢？

师出示资料：雀型类的鸟所吃的谷物、果实或昆虫，经过消化吸收后形成的残渣，1.5 小时后就会排出体外；绿头鸭所吃的食物，经过消化吸收后形成的残渣，半小时后就会排出体外。这说明鸟类消化能力强、消化快、排泄快，所以体重比较轻。

（课件展示“家鸽消化系统图”）学生阅读课文插图，了解嗉囊能够贮存和软化食物；肌胃有发达的肌肉，能与吃进的沙砾一起磨碎食物；小肠很长，是消化食物和吸收养料的主要器官；直肠很短，随时将粪便排出体外，有利于减轻体重。

师出示资料：人们只见过鸟类排便，没见过鸟类排尿。那么，鸟类是不是不排尿呢？如果你解剖一只鸟的体腔，就会发现鸟的身体内有形成尿和排尿的器官——肾脏和输尿管，但是没有贮存尿的器官——膀胱。这说明鸟类也同样有尿的形成和排出，只是尿不能在体内贮存。由于鸟类的尿总是和粪便一起排出体外，而尿液又浓又少，因此，排出的尿液就不那么明显了。

师：飞行这种剧烈活动会产生大量的热量，而家鸽的皮肤没有汗腺，体表的羽毛还能保温。听到这些，你想到了什么问题？（家鸽如何散热）

学生讨论得出气囊的又一个作用：散热。

设计意图：在“探究家鸽适应空中飞行的特征”这一活动中，学生运用科学的观察方法，通过“看一看”“摸一摸”“量一量”“估一估”“掂一掂”“动一动”等活动探究出家鸽适于空中飞行的特征。这一活动使学生既体验到科学研究的基本方法，又领悟到科学知识源于生活实践，同时还有利于他们养成实事求是的科学态度。从以上的探究活动中可以看出，学生已经学会了科学研究的方法，他们的探究步骤清晰明了。尽管有些探究还很稚嫩、不够严谨，但这样的教育符合学生的身心发展和社会对人才的需求。

（三）总结家鸽适应空中飞行的特征

师：今天我们探究了家鸽适应空中飞行的特征，下面我们通过列表总结一下这些特征。

家鸽适应空中飞行的特征

结构	适应飞行生活的特点
体形	呈流线型，减少空气阻力
羽毛	减轻体重，形成流线型身体
骨骼	轻而坚固，壁薄，中空
肌肉	胸肌发达
呼吸	用肺呼吸，气囊辅助呼吸
消化	食量大，消化能力强

设计意图：通过列表的形式，使学生回顾探究的过程，总结探究的内容，从家鸽扩展到所有鸟类，进而理解鸟类的外部形态、内部结构、生理行为等方面对飞行生活的适应性。

（四）通过对各种鸟的观察与比较，概述鸟类的主要特征

学生通过观察图片资料，讨论蝙蝠会飞，却不属于鸟类；鸵鸟属于鸟类，却

只善于在地面奔跑。

鸟类区别于其他动物的主要特征是什么？

学生通过讨论及阅读信息库资料，总结出鸟类的共同特征：身体被覆羽毛；前肢变成翼；有角质的喙；用肺呼吸，以气囊辅助呼吸；体温恒定；卵生，卵有坚硬的外壳。

设计意图：培养学生对资料的分析、整理能力，同时加深其对鸟类的进一步认识。

（五）课后拓展活动

1. 了解江苏省“爱鸟周”的具体时间以及今年“爱鸟周”的相关活动。

2. 了解我国的鸟类自然保护区。

3. 了解无锡地区鸟的种类及生存状况。

4. 了解几种人工饲养鸟类的方法，尝试用不同材料制作一个人工鸟巢箱或饲养台。（学生分组展开活动）

设计意图:课后拓展活动中布置了几个不同层次的探究活动,为下一节课“保护鸟类的多样性”的教学埋下伏笔，同时也培养了学生的动手能力。

五、教学反思

学生是一个充满智慧的群体，如果给他们正确合理的引导、足够的想象创造空间，他们的表现会远远超出我们的想象。在教学设计中，我遵循了学生的认知规律，从培养学生学会学习的角度精心设计了整个教学过程。本节课主要探讨鸟类与环境相适应的特征，这些特征包括形态结构、生理和行为方式等，涉及运动、循环、消化、泌尿、生殖等多个系统，内容多而分散。学生虽对鸟类比较熟悉，但对鸟类的某些结构和生理特点是如何适于空中飞行的还不太明确，于是我引导学生通过“看一看”“摸一摸”“量一量”“估一估”“掂一掂”“动一动”等探究学习活动，探究出家鸽适于空中飞行的特征。我国著名教育家陶行知先生认为，一个好的先生不是教书，而是教学生学，教学生研究，教学生创造，教学生学习解决问题的方法。教师始终是一个引导者、促进者，要引导和促进学生自己思考、自己寻找答案。

（江苏省无锡市江南中学　唐宏蔚）

专家点评

根据新课标的要求，科学教育的主要目的是提高全体学生的科学素养。探究性学习是培养学生科学素养的一种学习方式。如何更好地发挥学生的自主能动性是本节课的关键。为了使课堂的45分钟能够更好地被利用，执教老师在课前布置了收集资料的任务。资料并不是漫无目的地去找，而是要根据本节课的探究方向进行收集。为此，执教老师在课前为学生制订了一个简要的提纲，学生根据提示，分组收集鸟类的图片或文字资料以及与飞行相关的资料，可充分发挥学生的小组合作精神。在教学过程中，执教老师引导学生从外部形态、内部结构、生理特性等角度，分析了鸟类适于飞行的特点，其中标本的展示、媒体的选择、教具的运用、板书的设计相得益彰，使学生能在感性认识的基础上进行理性分析，最终归纳总结得出结论。这节课围绕探究学习的具体内容，通过活动达到了激发学生学习兴趣的目的，培养了学生的学习能力和创新精神。

第二节　信息化学习环境下的教学案例及点评

“没有细胞结构的微小生物——病毒”教学案例及点评

教学案例

案例适用年级及版本：八年级　苏教版

教学课时：1课时

一、教学目标

1. 知识与技能

（1）识别病毒，描述病毒的特征和病毒的组成。

（2）运用多种方法收集资料，了解与病毒有关的疾病。

2. 过程与方法

通过探究学习关注病毒与生物圈中其他生物的关系，特别是与人类的关系。

3. 情感态度与价值观

（1）介绍病毒与人类的关系时，认同病毒也可以为人类造福。

（2）形成珍爱生命的意识，改掉不良的卫生习惯，建立健康、文明的卫生习惯，积极参加讲究卫生、保护环境的活动。

二、教学重点、难点

1. 教学重点

病毒的主要特征，病毒与人类的关系。

2. 教学难点

病毒的结构。

三、教学资源

收集相关的资料并制作课件。

四、教学过程

（一）创设情境，导入新课

（播放抗击非典歌曲《姐妹弟兄》，展示全国人民英勇抗击非典的图片，在音乐背景中开始教学）

师：2003 年春天，防治“非典”、与 SARS 病毒作斗争，成为中华大地乃至全球一场惊天动地的没有硝烟的战争。上节课，我让大家收集、整理有关“非典”的资料，或完成一篇新闻报道，或准备一段角色表演，现在，请同学上台来“发布”新闻或进行角色表演。比一比，看谁能行？

（二）活动探究

活动 1：我来，我能行

（学生选派代表报道新闻或选派代表进行小品表演）

师：大家的新闻报道和角色表演都很精彩，在抗击“非典”的日子里，党和政府采取了一系列坚决、果断的措施，遏制了“非典”的蔓延。这场战争以人类的胜利而告终，但它给我们留下了许多深刻的教训，促进了人类文明的又一次提升。那么，痛定思痛之后，让我们一起来探索一下“非典”是如何产生的。

（生讨论，师归纳）

师："非典"是因感染SARS病毒引起的。那么，你见过SARS病毒吗？请看大屏幕。

（师展示图片）

师：这就是造成"非典"横行的"元凶"，你能描绘一下吗？

活动2：议一议

（学生热烈地讨论，积极地描绘SARS病毒）

师：其实，SARS病毒仅仅是病毒大家族中的一员。那么，病毒到底是什么？它与细菌一样吗？病毒又是怎么被发现的？请大家阅读教材第一、二自然段，分析回答。

（生答，并叙述病毒的发现过程）

师：病毒的发现过程说明科学技术在人类认识自然界的过程中起到了什么作用？

生答，师归纳：人类对病毒的认识过程，说明技术手段对科学研究具有重大的促进作用。当初，如果没有电子显微镜的发明，人类就发现不了病毒。

师：病毒的发现过程，还说明病毒比细菌小。那么，病毒到底有多小？请大家尝试用类比的方法比较病毒与细菌的大小。

（师展示反映病毒与细菌大小关系的Flash动画）

生答，师归纳：病毒对细胞而言相当于太湖中的一碗水，只有在电子显微镜下才能看到，要用纳米来计量它的大小。

师：病毒有哪些基本的形态？

（展示病毒的基本形态图片）

（生答略）

师：你知道病毒分成哪几类吗？把它们进行分类的依据是什么？

（师展示病毒的分类图片）

生：依据病毒寄生的细胞的不同，可将它分为动物病毒、植物病毒和细菌病毒三类。

师：病毒的结构是怎样的？它是怎样生活的？请看教材相关内容，并结合以下几个问题进行阅读。

（1）病毒的结构是怎样的？它与其他生物有什么不同之处？

（2）病毒是怎样生活的？

（3）病毒是怎样繁殖的？

生：病毒的结构很简单，由核酸和蛋白质外壳组成，没有细胞结构。病毒的核酸通常只有一个 DNA 分子或 RNA 分子，至今没有见到在一种病毒中同时存在两种核酸的情况，这也是病毒与其他生物的不同之处。

师：病毒是怎样生活和繁殖的？病毒是生物还是非生物呢？请同学们看完 Flash 动画后，讨论回答。

（师展示 Flash 动画）

以大肠杆菌噬菌体浸染大肠杆菌为例：

附着

↓

注入遗传物质

↓

复制

↓

释放

生：病毒只能寄生在活细胞中，它虽然没有细胞结构，但它符合生物特征，是没有细胞结构的生物。

师：病毒的种类多、分布广，又是寄生生活，给饲养业、栽培业和人类带来了极大危害，请你谈谈病毒的危害。

活动 3：畅所欲言

（学生谈病毒的危害）

师：人类曾经遭受过一次又一次的病毒侵犯，请你打开计算机进入校园网查找下列由于病毒所导致的瘟疫给人类带来了怎样的灾难：

鼠疫、天花、霍乱、流感、结核病、军团菌

活动 4：查一查

（学生上网搜索资料）

师：大家查找到相关信息了吗？让我们一起来交流一下。

名称＼项目	瘟疫时间	瘟疫地点	引发瘟疫的病毒名称	瘟疫的后果
鼠　疫				
天　花				
霍　乱				
流　感				
结核病				
军团菌				

（基于网络环境下学习，请同学们一一作答）

师：虽然病毒可以伤害人类，常常令人谈“毒”色变，但人类在与病毒的斗争中，也取得了可喜的成绩。你知道取得了哪些成绩吗？请你再次打开计算机进入校园网查寻相关资料。

活动 5：再次上网查寻相关资料，并交流

（生答略）

师：大家说得很好。我们不仅可以通过接种疫苗来预防病毒，还可以以病毒为载体达到转基因和基因治疗的目的。同学们，你接种疫苗了吗？你接种了哪些疫苗呢？请大家回家后问问父母，了解自己接种疫苗的情况。

师：预防疾病只要接种疫苗就行了吗？请大家联系“非典”来思考。

（生讨论发言，教师归纳）

师：这场“非典”疫情成为国人意外的清醒剂，从“非典”的惨痛教训中我们清醒地认识到，良好的卫生习惯能帮助大家增强体质、提高免疫力；不良的卫生习惯会降低人的抗病能力，影响生命。

（三）教学小结

同学们，今天，我们一起探究了没有细胞结构的微小生物——病毒，认识了病毒是由核酸和蛋白质外壳组成，它没有细胞结构，只能寄生在活细胞中。病毒既对人类造成危害，同时也可以造福人类，要有效地抵抗疾病就应该养成良好的卫生习惯，提升卫生防疫意识。

（四）教学拓展

1. 宣传“艾滋病”预防知识。请同学们上网查找“艾滋病”的传播途径，并大力宣传如何预防“艾滋病”。

2. 比一比：请同学们以小组为单位，收集有关病毒及其与人类关系的各种资料，每组完成一张“让我们更健康”的宣传小报，同时标注出每位成员所做的工作，如收集资料者、版面设计者、美工、责任编辑等。根据小报的科学性、新颖性以及各小组的参与积极性，教师给出评价，并将评价登记备案，作为今后生物学考核的一个方面。

五、教学反思

病毒看不见、摸不着，讲解起来较抽象、难理解。所以本节课采用了多媒体教学，下面是我对这节课的教学反思：

1. 资料的发布。这节课我让学生回去查找有关“非典”的资料，在课前几分钟进行“新闻发布”和“角色扮演”活动，既发挥了学生的主体性和收集、整理信息的能力，又很自然地将知识应用到课堂教学中，同时还发挥了学生的个性特长，培养了他们的表演能力。新闻发布和角色扮演，对学生的情感态度和价值观的培养有极大的帮助，使学生深刻感受到病毒的危害，认识到培养良好的卫生习惯的重要性。

2. 给了学生足够的阅读时间，培养了学生的阅读能力。

3. 运用多媒体解决教学难点。我注重多媒体课件的制作和运用，如病毒的大小、形状、结构以及病毒的生活和繁殖等内容，用传统的方法讲授就很抽象，难以理解。为此，我展示了一段 Flash 动画，这段动画不仅有生动的画面，还有清晰的讲解。利用多媒体的视听技术，既保持了传统教学的优势，又弥补了传统教学的不足，使难题迎刃而解，激发了学生的学习兴趣。

4. 注重培养学生通过网络解决问题的能力。在学习病毒与人类的关系时，我有意识地引导学生进入校园网查找有关信息，以培养学生的网络意识和运用现代信息技术解决问题的能力。

（江苏省无锡市江南中学　吴卫红）

专家点评

新课程理念下的教学过程是师生互动的过程，是以学生为主体、以教师为主导、学生积极参与教学活动的过程。新课程理念下的生物课堂教学应注重一个“活”字，教师要形成强烈的课堂意识，充分发挥指导作用，让课堂真正地“活”起来。

本教学案例通过丰富的探究学习活动，让课堂真正“活”了，“做中学”“学中用”“学中思”的层层递进，符合学生的学习规律，培养了学生各方面的能力，将对创新人才培养产生积极作用。

“食物链”教学案例及点评

教学案例

案例适用年级及版本：七年级　苏教版

教学课时：1课时

一、教学目标

1. 知识与技能

（1）能描述生物间普遍存在的摄食与被食的关系。

（2）能说明什么是食物链。

2. 过程与方法

（1）通过分组活动，学会画一些比较简单的食物链。

（2）通过方案设计、查阅资料等活动，初步形成运用知识解决问题的能力。

3. 情感态度与价值观

通过认识食物链，建立自然界的事物是普遍联系的科学自然观。

二、教学重点、难点

1. 教学重点

构建食物链的概念。

2. 教学难点

生物防治方案的设计。

三、教学资源

头饰、PPT 课件。

四、教学过程

（一）古文导入，激发学习兴趣

教师通过幻灯片出示古文“园中有树，其上有蝉，蝉高居悲鸣饮露，不知螳螂在其后也；螳螂委身曲附欲取蝉，而不知黄雀在其傍也；黄雀延颈欲啄螳螂，而不知弹丸在其下也。（西汉 · 刘向《说苑》）”学生诵读，领会古文蕴藏的含义。学生会很自然地联想到成语“螳螂捕蝉，黄雀在后”，由此引入新课。

设计意图：古文导入别具一格，很快抓住了学生的好奇心理，激发了他们的学习兴趣。这不仅能培养学生的语言能力，而且能调动学生的学习积极性。

（二）做游戏，在轻松愉快的氛围中发挥学习的主动性

幻灯片显示“农田生态系统”图片。利用学生自己设计的 6 种生物名称的头饰（课前布置学生自己动手设计头饰，要求是旧物利用、有创意），让学生通过角色扮演的方式，表演出这些生物之间“吃与被吃”的关系（两种生物之间用线相连，表示生物吃与被吃的关系），并请代表说明意图。学生在小组活动中“做”食物链，建立食物链的初步概念，如鹰吃蛇、鸡吃蚱蜢等。

如何用文字表示完整的食物链呢？教师以一条食物链为例，归纳食物链的特点，强调食物链写法上的要求。

教师接着再出示“草原生态系统”图片。学生分组竞赛，看哪个小组写的食物链又多又快，以此巩固所学知识。

设计意图：在分析“农田生态系统”中生物的关系时，学生对“谁吃谁”的关系比较清楚，因而通过小组活动，让学生在愉快的氛围中“做”出食物链。为了让学生写出一条完整的食物链，教师以其中一条食物链为例，归纳食物链的特点。

此环节通过小组竞赛，不仅及时巩固了所学知识，而且还培养了学生的学

习兴趣，真正实现了在“做中学”的新课程理念。

（三）分析食谱中的生物

在分析了农田、草原生态系统中存在的复杂的食物关系后，学生了解到食物关系的普遍存在。人也是生态系统中的一员，那么人处于食物链的哪个环节呢?

我们可通过“分析食谱中的生物”的活动来寻求答案。分析当天（或前一天）的午餐食谱，将食谱中涉及的生物按照课本表格的分类方法分别填入表格，再让学生试着从食物的顶层“人”开始往下推，追根溯源，连出包括“人”在内的几条食物链，如“草→虫→鸡→人”。分析自己所吃食物和本身的食物链的关系，判断自己在食物链中处于什么位置。通过对食物链的分析、讨论，让学生了解到：人是生态系统中的一员，而且处于食物链的最高位置。

师出示图片：街头出售青蛙。学生讨论、分析这种行为。

设计意图：在此活动中，使学生将食物链的知识得以反馈、巩固，做到了在“学中用”，真正达到了学习的目的。通过对“人出售青蛙”行为的分析，让学生认识到“人与环境是对立统一的关系”，进而建立“人与环境和谐发展”的环保理念。

（四）设计生物防治方案

在对“人出售青蛙”行为的分析中，学生认识到青蛙捕捉害虫，所以人类不能随意捕捉青蛙。那么害虫如何防治呢？教师出示视频资料“生物防治的方法”，使学生了解生物防治的几种方法。

（新课程标准的理念之一就是学习对生活有用的东西，让学生把所学的知识运用到实际中去）

了解了生物防治的方法后，让学生上网查找资料，分组讨论并设计“防治松毛虫的方案”。学生相互交流设计方案，教师指导学生完善方案并形成报告，张贴于“生物园地”。

设计意图：这个环节是在学生发现“食物链”的基础上，进行知识实践的过程。通过方案设计，学生能够掌握生物防治的方法并学会撰写活动方案，引导学生运用所学知识解决实际问题，树立人与自然和谐相处的理念。在方案设计时，引导学生上网查阅资料，不仅扩展了学生的知识面，还培养了学生的网络意识。

（五）汇报交流

学生在了解了人处于食物链最高位置、分析了“人出售青蛙”的行为后，认识到人类的各种行为会影响到其他生物。

设计意图：让学生把收集的资料向大家汇报，从而了解食物链上任何一环节发生变化，都会给生态环境造成严重危害——最终危害人类。向学生渗透人类要善待生物、善待自然，人与生物圈要和谐共处的道理，提高学生的环境保护意识。

五、教学反思

本节课的各个探究学习活动，遵循学生的认知规律，主要让学生通过提交任务—提出问题—科学讨论—达成共识来完成教学。这样的活动看似简单，实际上给学生提供了更多的时间和空间，使学生的活动探究能力在交流合作中得到提升。而教师自己要做的，一是营造宽松、和谐、民主的课堂气氛，使学生敢于提出问题、敢于探索；二是建立一个开放有序的活动环境，为学生联系图书馆、学校网络教室等，让学生能够广泛地利用各种资料获取信息。

本节课的成功之处还表现在合理的教学设计。以古文引入，由学生说出“螳螂捕蝉，黄雀在后”这句成语，激发了学生的学习兴趣；组织学生分组带着“头饰”进行游戏活动，并选代表说明意图，让学生在活动中感受知识，而不是教师灌输、学生被动接受；探讨问题时，适时创设情境，循循诱导学生积极思考，使学生养成勤于思考的习惯。另外，在本节课教学中，师生双向交流顺畅，课堂环境宽松，在学生的活动中、师生的交流中突破了难点，突出了重点。

（江苏省无锡市江南中学　方网所）

专家点评

本节课通过学生分组活动和教师引导下的学生游戏——“做”食物链、分组竞赛等丰富内容，使学生不仅能够建立起食物链和食物网，还通过网络了解了防治松毛虫的方法；不仅能对“人出售青蛙”这一行为进行分析，还认识到“人与环境是对立统一的关系”，进而建立“人与环境和谐发展”的环保理念。学生在这样的探究课堂上不仅获得了食物链的相关知识，还明白了人与生物圈和谐共处的道理。

本节生物课遵循初中学生的认知规律，先从刘向的文集《说苑》中引出“树—

蝉—螳螂—黄雀—人”的复杂关系，然后通过显示“农田生态系统”图片，表示生物吃与被吃的关系，进而归纳食物链的特点，建立食物链的知识概念。

本节课中，教师引导学生在课前制作各种动物头饰，并在课堂上戴着头饰进行“角色扮演”，这种活动表面看似活跃，实际参与的学生数量有限，对初中学生而言也略显幼稚了些，是科学探究学习中值得商榷的地方。

第三节　培养学生理论联系实际能力的教学案例及点评

“人体的激素调节”教学案例及点评

教学案例

案例适用年级及版本：八年级　苏教版

教学课时：1课时

一、教学目标

1. 知识与技能

（1）能描述人体内分泌系统的组成。

（2）能说明激素对人体的新陈代谢、生长发育等重要生理功能具有调节作用。

2. 过程与方法

学会运用所学的生物知识分析、解决生活中常见的问题。

3. 情感态度与价值观

（1）关注与生物学有关的社会问题。

（2）懂得珍爱生命，形成良好的生活习惯。

二、教学重点、难点

1. 教学重点

内分泌系统的组成。

2. 教学难点

激素的概念和主要种类。

三、教学资源

收集相关的资料并制作课件。

四、教学过程

（一）创设情境，导入新课

播放泰国“人妖”选美大赛的相关视频，正当学生为他们的美艳惊叹时，教师道出其真实身份，引导学生说出“人妖”身体变化的原因，从而引出“激素调节”。

（二）内容探究

师：激素的应用非常广泛，例如，饮食、医疗、美容等领域。它是一种特殊的化学物质，由人体内的内分泌腺或内分泌细胞分泌。人体内的内分泌腺很多，分布在身体的各个角落，组成了人体的内分泌系统。接下来我们就来学习几种主要的内分泌腺。请同学们把书翻开，参考彩图，了解内分泌腺的位置、名称和分泌的激素名称。（大屏幕展示人体的内分泌系统）

（生了解内分泌腺的相关知识）

师：以上七种腺体都是内分泌腺，以前我们学习过的汗腺、唾液腺等腺体是不是内分泌腺呢？我们看完视频再来回答这个问题。（播放视频“人体的内外分泌腺”）

生：汗腺、唾液腺是外分泌腺，人体内的腺体可以分为外分泌腺和内分泌腺两类，区分两类腺体的主要方法是看它们有无腺导管。

（大屏幕展示三个思考题）

师：内分泌腺没有排泄管，分泌的激素直接进入细胞周围的血管和淋巴。那血液中的激素含量是不是很高呢？事实上，血液中激素的含量极少，但它们的作用却是非常明显的。（播放视频“激素的调节作用”）

师：激素对人体的生长、发育、繁殖等生命活动起重要的调节作用，如果分泌异常就会导致人类患上各种疾病，如糖尿病。请问，同学家中是否有糖尿病患者？有的请举手，并说出他们有哪些症状。

生：我奶奶就是糖尿病患者，饭量大，却很瘦，容易口渴，尿频，没力气，要吃消渴丸，还要打胰岛素。

师：很好！这就是糖尿病患者的典型症状“三多一少”，即多尿、多饮、多食，消瘦。（展示图片）

师：糖尿病、癌症和心脑血管疾病已成为危害人类健康的三大杀手。历史上，很多科学家致力于对糖尿病的研究，希望找到对付它的灵丹妙药。功夫不负有心人，终于在 1921 年有了重大突破。现在让我们沿着科学家的探究足迹，重温这一伟大的发现。

（生阅读教材，四人一组讨论，通过探究分析得出结论：糖尿病与胰腺有关，糖尿病与胰岛 β 细胞有关，糖尿病与胰岛细胞提取液有关）

归纳总结：胰岛 β 细胞能分泌胰岛素，胰岛素能调节糖的利用和转化。

师：胰岛素对糖的调节作用表现在两个方面，一方面促进血糖合成糖原，储存在肝脏、肌肉等处；另一方面加快血糖分解，这样血液中的葡萄糖走的走，用的用，浓度自然降下来了。

生：胰岛素能降低血糖。糖尿病人体内血糖偏高，出现糖尿病是因为缺乏胰岛素。

师：现在，你有什么方法可以治疗糖尿病呢？

生：注射胰岛素。

拓展：胰岛素为什么只能注射不能口服？

师：胰岛素分泌异常导致糖尿病，那其他激素分泌异常会导致哪些疾病呢？请同学们阅读教材中的相关内容，争做“小医生”，一会儿给患者诊断病情，说出病名、病因及防治的常用方法。

生：认真阅读，画出重点，强化记忆。

（师用大屏幕播放患者图片，生踊跃争当“小医生”，依次诊断地方性甲状腺肿、甲亢、呆小症和巨人症）

师展示图片，补充肢端肥大症、泰国“人妖”、过度肥胖的事例，从激素调节的角度说明养成良好生活习惯的重要性。

师：激素调节是体液调节的重要形式，体液调节和神经调节之间有怎样的关系，请看三位同学表演的课本剧。

（三位学生表演）

师：只有两种调节方式相互协调、相互统一，我们才能完成正常的生命活动，适应内外环境的变化。下面我们来看具体的事例。（播放视频：人漫步在丛林里，突然遭遇蟒蛇时作出的反应）

师：请大家分析主人公的哪些反应属于神经调节，哪些反应属于体液调节？

生：心跳加快、呼吸急促、血压升高等反应是体液调节的结果，眼、耳接受外界刺激以及逃跑等反应是神经调节的结果。

师：很好！神经调节和体液调节是我们身体里的两个司令官，激素在神经调节的控制下，通过血液循环也参与调节人体的生命活动。

（三）内容小结

师：今天我们学习了人体内主要的内分泌腺。

（播放 Flash“人体主要内分泌腺组成示意图”）

师：我们还学习了激素的调节作用，请大家回答胰岛素、生长激素、甲状腺激素的主要生理功能是什么。（展示图片）

生：胰岛素能降血糖。

生：生长激素能调节人体生长、发育，生长激素分泌多寡影响身高。

生：甲状腺激素能促进代谢和发育，提高神经系统的兴奋性。

师：请回顾激素分泌异常导致的几种疾病。（展示图片）

生：缺少胰岛素会导致糖尿病。

生：甲状腺激素分泌异常导致甲亢、地方性甲状腺肿、呆小症。

生：生长激素分泌异常导致巨人症、侏儒症、肢端肥大症。

师：请用一句话概括神经调节和激素调节的关系。

生：人体是通过神经调节和激素调节来协调体内各项生命活动、适应外界环境的。

（四）巩固练习

用大屏幕展示问题：

1. 胰腺属于外分泌腺还是内分泌腺？

2. 治疗糖尿病人，为什么只能注射胰岛素，口服无效？

3. 糖尿病是泌尿系统疾病吗？

（四人小组讨论后回答问题）

师 :（大屏幕出示有关姚明的图片）姚明是巨人症患者吗？课后查阅资料，下节课讨论。

（五）探究实验

探究甲状腺激素对青蛙生长发育的影响。

师 : 请小组讨论，拟订出可行的方案。

（大屏幕展示青蛙的发育过程）

（生认真讨论，师对学生的方案适时评价，给予肯定）

五、教学反思

时代在发展，社会在进步，现代社会需要的是具有创新精神的人才。据教育进展国际评估组织对全球 21 个国家的调查显示，中国学生的计算能力在世界排名第一，但创造力在世界排名倒数第五。

作为生物教师，我们该如何适应形势的发展，在教学中发挥生物学科的优势，培养学生的创新能力呢？本节课做了如下尝试。

1. 培养学生的创新意识

要培养学生的创新精神，首先要激起学生的创新欲望、创新意识。本节课我充分利用生物学发展过程中的一些史实和生物科学新成果，同学生一起探讨他人是如何创出新理论、提出新方案、取得新成果的。

2. 培养学生的创新思维能力

创新思维是素质教育的核心，生物科技的每一次进展和重大突破都是创新思维的结果。例如，结晶牛胰岛素的合成，充分说明了创新思维的重大价值。因此，我一方面积极引导学生学习科学家的伟大创新精神，另一方面积极培养学生多思善问的良好习惯。此外，在提到侏儒症和巨人症的致病原因时，我强调是幼年时期生长激素分泌异常引起的，那成年以后生长激素分泌异常会有什么影响呢？这为学生进一步理解这一知识做铺垫。

3. 引导学生自主探究，培养创新能力

自主探究是指以解决问题为学习活动中心，引导学生运用已有知识和思维方法，通过发现问题、分析问题、共同研究得出答案的一种“自我发现”过程。例如，在了解了各种激素的作用以后，让学生争当“小医生”来判断患者的病症，并找到发病原因，对症下药。学生很快融入角色，学习积极性高、效果好。此外，由于很多学生在生活中接触过甲亢患者和糖尿病患者，发现这两种病的症状很相似，所以出现了两种意见。在争论过程中，学生对这两种病有了更深的了解，对甲状腺激素和胰岛素的作用也有了更透彻的理解。

4. 引入现代教育技术，培养学生的创新能力和创新精神

现代教育技术（尤其是多媒体技术）、教育理论和科技成果的应用，优化了中学生物教学的课堂结构，更新了教学手段，为培养学生的创造力和创新精神创设了理想的教学情境。这节课不仅用到了标本，还用到了挂图、录像、表演等，使课堂活动多样化、趣味化、科学化和民主化，为学生的思维训练、能力培养营造了一个生动活泼的氛围。

5. 加强实验教学，在实验中鼓励求异，培养创新精神

在实验教学中要有意识地培养学生的“三敢”精神：敢想、敢说、敢实践。例如，在探究甲状腺激素对青蛙生长发育的影响的实验过程中，对于一些与预期效果存在差异的小组，不是不闻不问，也不是批评教育，而是让其和其他实验小组进行比对、讨论，从而找到失败的原因。

在整个教学过程中，教师和学生的互动要到位，要及时发现学生的亮点，并作出有效评价。

（江苏省无锡市江南中学　闵敏）

专家点评

江泽民同志曾在全国科技大会上指出：“创新是一个民族进步的灵魂，是国家兴旺发达不竭的动力。”这说明教育在培养民族创新精神和创造性人才方面，肩负着特殊的使命。

本节课教师备课充分，在教学过程中精心设置教学情境，展现知识的形成过程，让学生积极参与，引导学生充分调用各种感官进行深层次的思维。教学过

程主要有以下几个亮点：

1. 创造良好的学习氛围

良好的课堂氛围能优化学生的心境，使学生积极主动地参与学习。教师首先用多媒体展示泰国“人妖”的选美画面，给学生以视觉、听觉的美感，欣赏完视频后突然告知学生，这些“美女”其实都是男儿身。学生既诧异又好奇，教师顺势引导，在宽松愉快的氛围中开始了“激素”内容的学习。

2. 引导学生自主学习

充分利用学案开展学习活动。学生对照学案自学后相互提问、讨论，使学生开口多了、胆量大了、表达能力强了。教师在这一过程中始终充当评委，细心观察、不动声色。例如，一个学生在提到内分泌腺时说到了唾液腺，其他学生也没有提出异议，教师好像也没发现问题一样，轻松带过。直到进入下一个环节，比较内、外分泌腺的异同时，教师还是让这位学生回忆自己刚才的回答是否完全正确，我们才恍然大悟，原来教师不是没发现问题，而是故意在这里设了一个局，这样前后呼应，及时纠错，使学生对这一知识点掌握得更好。因此，教学中不怕学生出错，而是要变错为宝，这才是教学中的智慧。

“饮食与营养”教学案例及点评

教学案例

案例适用年级及版本：八年级　苏教版

教学课时：1 课时

一、教学目标

1. 知识与技能

通过学习能说出人体需要的主要营养物质。

2. 过程与方法

进行三餐食物的案例分析，完成鉴定食物的主要成分的实验，交流学习体会。

3. 情感态度与价值观

认同人类生活所需要的营养物质主要来自生物圈中的其他生物。

二、教学重点、难点

进行三餐食物的案例分析，完成鉴定食物的主要成分的实验，交流学习体会。

三、教学资源

馒头、鸡蛋、花生、碘液、开水、滴管、白纸、烧杯。

四、教学过程

（一）巧妙结合时代热点，设计营养食谱

创新是教育的核心，教育培养的人才不仅要有全面的知识结构，更要有创新的活力。以往课堂上为家人安排一日三餐的活动是一种较为常规的设计，学生的答案相似，设计食谱的积极性不高。为了改变这种情况，我们将设计营养食谱与时代热点结合起来，由此唤起学生设计食谱的积极性和创新性。这就要求我们的教学手段要与时俱进，不能拘泥于过去的经验。例如，将设计食谱的活动和北京奥运会联系起来（2008 年是奥运之年，世界各国的顶尖运动员齐聚北京，共享奥运盛会），如果让学生来当一回北京奥组委的“总厨师长”，为这些运动健将设计一份营养食谱，这样就巧妙地结合了时代的热点，极大地调动了学生的积极性。

在实际的教学过程中，虽然学生设计的食谱五花八门，但大家热情都很高。对于来自世界各国的朋友，有的“厨师长”为他们设计了极具中国特色的食谱，有的“厨师长”为他们设计了具有自己家乡味道的食谱……但同学们设计的食谱到底合不合理，营养全不全面？于是引出“鉴定食物的主要营养成分”的实验。这样便调动了学生的好奇心，顺利引导他们进入下一个教学环节的学习。

（二）合理安排实验，创设学生自主探究的氛围

实验是学生探究生物知识的重要手段，它以丰富多彩、形象直观的形式将知识展现给学生，重演探寻科学事实的过程，深受学生喜爱。本课在鉴定食物的主要成分这一环节中，选用人们生活中经常食用的馒头、鸡蛋、花生作为实验材料，设计了三个小实验：1. 在米饭、馒头上滴加碘液，观察其变化；2. 把鸡蛋清放在容器里，加入开水，观察其变化；3. 在白纸上挤压花生，观察现象。如果按照传统模式将三个实验分开来做，课堂教学就显得很不连贯。而且，在教学中教

师切不可为了追求所谓的“高效率”，而让学生机械模仿，教师应该给予学生充分的时间去亲自动手实验，鼓励每个学生都能够积极主动地参与探究实验。因此，在教学过程中先统一介绍三个实验的实验材料、实验方法、注意事项等，因为学生还不具备三种有机物的有关物理、化学特点的知识，比如，淀粉遇碘液变蓝、蛋白质遇高温凝固等，教师可以提醒学生利用教材中的“提示”和“信息库”中的有关内容，对实验现象进行分析、作出判断，然后教师给予学生 10 ～ 15 分钟时间进行自主探究。与此同时教师应在一旁进行指导，而不是放任自流。这样不仅课堂教学连贯，而且很好地创设了学生自主探究的氛围，通过让学生动手操作、自主思考，培养了他们独特的思维品质，提升了他们的创新意识，同时也锻炼了学生的动手操作能力、培养了学生与人合作的精神。

食物中除了含有糖类、蛋白质、脂肪等有机物外，还含有水分、无机盐、维生素等营养成分。如果课堂时间比较充裕，教师可以指导学生根据教材“信息库”中提供的实验方法来鉴定食物中还含有水分、无机盐和维生素等营养成分。学习完食物中的六大营养物质之后，教师让学生回顾自己一开始为运动员设计的食谱是否科学合理，并评选出一份最佳的运动员营养食谱。

（三）鼓励学生表演，打造有效课堂

教材在最后强调了食物中含有的六大营养物质对人体都起着重要的作用，同时在“信息库”中列出了六大营养物质的作用，那么教师如何让学生主动理解这些营养物质的作用而不是死记硬背呢？

在实际的教学过程中，为了先让学生充分理解这一环节的知识，教师把相应的内容加以故事化编排，安排了一个“人体某种营养物质缺乏症”的小品，充分展示某一种营养物质对人体的重要性。此外，还以说相声的形式，请一些同学分别扮演食物中的六类营养物质：糖类、蛋白质、脂肪、水、无机盐、维生素（灵感来自于相声“五官争功”），向同学们表达自己对人体的作用。表演者在台上用夸张的手法吹捧自己所扮演的角色对人体的重要作用，最后由教师给予总结性评价，由此使学生对营养物质的作用记忆深刻。

五、教学反思

“课本剧表演”是在教师指导及参与下，学生自导自演，主动融汇学科知识的一种活动。演好课本剧，需要学生之间很好的沟通与配合，这样既使学生学习了知识，又使他们在活动中锻炼了组织能力、创造能力，同时也体现了以生为本的教育理念。通过“人体某种营养物质缺乏症”的小品和“六大营养物质争功”的相声，使本课的知识得到很好的总结，为下一节课“营养物质的作用”做了铺垫。

本课的课题是“饮食与营养”。民以食为天，食以安为先，然而此起彼伏的食品安全事件，刺痛了民众的神经，如毒方便面、毒豆芽、毒大米、毒奶粉，等等。有人形容——偌大的中国，却容不下一张平静的餐桌。我们的食品安全到底怎么了？问题出在生产环节还是监管不力？我们有太多的困惑。那么我们是否可以组织学生来一次食品安全问题的调查呢，可以以校门口小摊的食品安全作为切入口，让学生制订详细的调查方案，然后分工合作，详细记录调查过程，最后形成调查报告，以此使同学们更真切地认识到食品安全的问题，使本课的知识得以延伸。

本节课教学中遇到的主要问题是如何结合学生的生活实际，将饮食营养与生活健康相联系，促进学生建立健康饮食观念，并在探究学习过程中学会自己设计健康的食谱。为解决这一关键问题，达成三维教学目标，我们进行了上述教学设计。在教学实施过程中，总体进展较为顺利，特别是将三个小实验——在米饭、馒头上滴加碘液，观察其变化；把鸡蛋清放在容器里，加入开水，观察其变化；在白纸上挤压花生，观察现象——与前面同学们设计的食谱是否合理、营养是否全面进行联系比较，促进了学生对知识的深入理解，使学生的设计能力得到良好的发展，并取得了良好的教学效果。

课本剧表演可使课堂气氛活跃，学生笑声不断，但教师的引导与评价作用十分关键，如若时间控制不好，缺少评价总结，将会有虎头蛇尾之嫌，在以后的教学中要多加注意。

（江苏省无锡市江南中学　蔡国丰）

专家点评

清晰的教学思路是教师进行教学设计的先决条件。只有教学思路清晰、层次分明，才能顺利地实现教学目标；只有新颖、独特的教学创意，才能发人深思、引人入胜。按照教学重、难点的要求，教材在相应的三个环节上是这样设计的：(1)假如你是北京奥组委的总厨师长，你会如何设计运动员的营养食谱；(2)选取人们生活中经常食用的馒头、鸡蛋、花生作为鉴定食物主要营养成分的实验材料，设计了三个小实验；(3)信息库展示各种营养物质的作用。

蔡老师在教学中很好地实现了预期目标，主要做法是：第一，为奥运会运动员设计一日三餐，促使学生充满设计热情。第二，鉴定馒头、鸡蛋、花生中营养成分的三个小实验，如果一个一个边讲边做的话，课堂教学就显得很不连贯，而蔡老师将三个实验放在一起效果良好。第三，让学生通过生动形象的相声、小品表演展示营养物质的作用，避免了学生死记硬背。

第三章

基于数学、物理模型构建的生物探究教学案例分析

模型是人们为了某种特定目的而对认识对象所作的一种简化的概括性的描述，是科学研究中对复杂事物的一种简单的描述方法，可分为三种形式：概念模型、物理模型和数学模型。通过模型，可以抓住事物最主要的特征和功能，所以在生物学教学过程中，教师有必要注意运用模型方法进行教学，帮助学生建立物理模型、概念模型、数学模型等，引导学生通过建构模型来学习生物学知识，进而增强学生的探究能力，培养学生的思维灵活性。

第一节　培养学生团结协作意识的教学案例及点评

“种群数量的变化”教学案例及点评

教学案例

案例适用年级及版本：高中二年级　人教版

教学课时：1 课时

一、教学目标

1. 知识与技能

了解数学模型建立的一般方法。

2. 过程与方法

（1）尝试建立种群在理想状态下的公式模型。

（2）尝试建立理想状态和自然状态下的曲线模型。

（3）运用模型解释生产生活中种群数量增长的一般规律。

3. 情感态度与价值观

（1）敢于质疑课本结论的局限性。

（2）认同数学模型在生物学实际研究中的应用。

二、教学重点、难点

1. 教学重点

（1）尝试建构种群增长的数学模型。

（2）根据建构的数学模型解释种群数量的变化。

2. 教学难点

建构种群增长的公式模型，分析“S”型曲线。

三、教学资源

多媒体、探究室、学案。

四、教学过程

（一）情境导入

通过蝗虫灾害的录像引导学生思考：如何研究种群数量的变化。从而引出第一个探究问题。

（二）过程探究

1. 种群数量增长的研究方法。

（1）数学模型：用来描述一个系统或其性质的数学形式。常用的模型形式：（让学生思考后给出）曲线模型和公式模型。

（2）建立数学模型的一般步骤：（让学生看课本，达到识记即可）

①观察研究对象，提出问题。

②作出合理假设。

③根据实验数据，用适当的数学形式对事物性质进行表达。

④通过进一步的实验或观察等，对模型进行检验或修正。

2. 通过细菌繁殖的录像和细菌繁殖模式图引导学生按建模步骤建立公式模型。

（1）学生在学案的引导下以小组为单位进行自主探究，然后组内交流，得出结论。

（2）进行小组展示（不重复展示），提出问题，分析课本所给出的公式模型的局限性，并引导学生解决这一局限性，最后得出无局限性的公式模型：

$N_t = N_0 \lambda^t$

N_t—— t 年后该种群的数量（或 t 个繁殖同期后的种群数量）。

N_0——该种群的起始数量。

λ——该种群数量是一年前种群数量的倍数。

t ——时间。

3. 以细菌为例将建立起来的公式模型转化为曲线模型，并讨论现实中有无这种现象。讨论后各组之间交流得出规范的“J”型曲线。

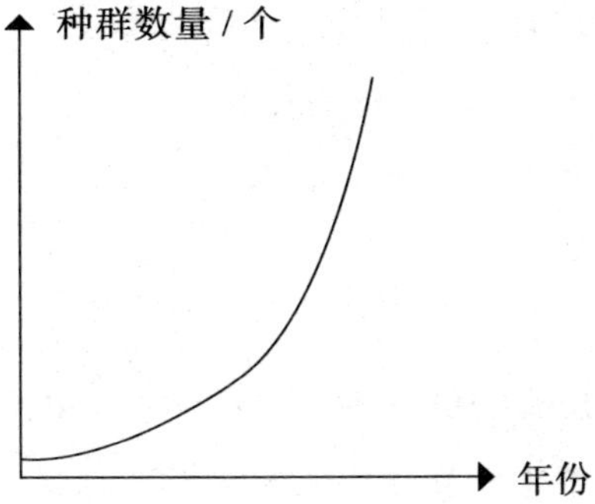

种群增长的"J"型曲线

4. 通过"物种起源"的录像让学生感受生物生存的环境阻力。

（1）种群在自然环境中真实存在的环境阻力有哪些？

从以下三个方面讨论后小组间交流得出：

①自然因素：气候、食物、被捕食、传染病等。

②人为因素：人类的活动。

③直接因素：出生率、死亡率、迁入率、迁出率。

（2）如果我们把这些环境阻力考虑上，"J"型曲线将如何变化（得出"S"型典线）？

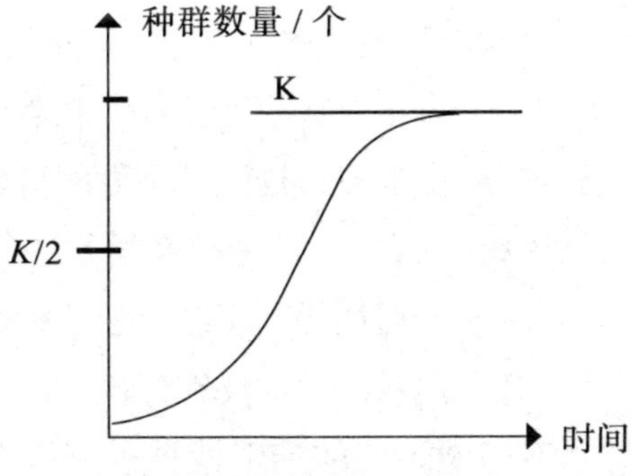

种群增长的"S"型曲线

（小组讨论后在学案中画出对应的曲线变化，并进行交流，得出正确的曲线模型并分析）

（3）分析各点的意义，并引出建立本曲线的使用价值：

①合理利用和保护野生生物资源。

②为防治有害生物提供科学依据。

最后与高斯实验进行比较，强化建立起的模型。

5. 思考与讨论。（以细菌种群数量增长为例）

（1）增长率 =（Ⅱ代个体数－Ⅰ代个体数）/ Ⅰ代个体数

“J”型曲线中增长率是否改变？

“S”型曲线呢？

（2）增长速率 =（增长后的值－增长前的值）/ 单位时间

“J”型曲线的增长速率怎样变化？

“S”型曲线呢？

（讨论后，交流得出准确结论）

6. 课堂练习。（见学案）

7. 课后活动：以小组为单位探究培养液中酵母菌种群数量的变化。

五、教学反思

本节课主要通过数学建模达到提升学生运用数学方法分析生命现象的能力。高中二年级的学生已经具备了相关的数学基础和生物学基础，可以完成这种能力的提升。通过本节课的教学，基本上完成了教学的预设，并且在课堂上生成了一些对学生能力提升很有帮助的环节。

1. 在教材处理上能以建模能力的形成作为主线进行设计，大胆地把课堂交给了学生，让学生在我的引导下自主完成模型建构。在教学过程中，学生始终能按我的引导积极高效地进行探究性学习，达到了预设的目的。

2. 在教学过程中充分运用小组合作讨论探究学习法，使学生得到了充分的体验和交流。这种课堂教学方法的运用提高了学生的建模思维，提升了学生灵活运用结论解决问题的能力，这一点从课堂的反馈评价中能明显感觉到。

3. 大胆引导学生对课本呈现结论的局限性进行分析，使学生通过这种体验形成批判精神。

4. 通过交流及时发现了学生利用数学工具能力的不足。例如，小组呈现的曲线图没有单位和纵、横坐标的标注等。通过对这些生成性问题的解决，达到了全面提升学生综合素养的目的。

5. 本节课将学生按不同能力搭配分组，每 5 人为一组，设组长、发言人、记录员、组员，并告诉学生这些角色每节课都需要转换。此外，还强调各组在每个问题呈现和交流时，不要重复。这些必要的准备，确保了课堂教学的有效性和有序性。

认真反思教学过程，我们发现了一些需要改进之处：在小组讨论过程中存在个别学生不积极参与的现象，可能前期需要一个有意识的培养过程。

（陕西省西安铁一中　肖邦国）

专家点评

听完这节课后真正感觉到对新课程追求有了那种“蓦然回首，那人却在灯火阑珊处”的感觉。新课程实施后，各地组织了各种各样的课改观摩课，但能领会新课程理念的课并不多。本节课是站在较高的理解新课程基本理念的层次去定位和设计的，不仅在一节课内游刃有余地完成了教学目标，达到了学生整体能力的提升，还让人们看到了新课程课堂应该出现的现象。本节课能引起我们认真思考的表现有以下几个方面：

1. 打破了生物教学的传统思维和认识，把真正的数学思维和方法全面引入生物学的课堂教学中，不仅提高了学生对生物学科学性的认识，还达到了让学生体验生物学科学思维过程的目的，实现了数学工具在生物学上的应用，提升了学生跨学科运用数学工具的能力。

2. 本节课不仅引导学生完成了对数学模型的建构，还引导学生对增长率和增长速率等概念进行分析，提升了学生对曲线模型的理解，真正达到了考试大纲中提出的“用数学方法解释生命现象”的能力要求。

3. 课堂上，教师大胆引导学生对种群增长的公式模型的局限性进行质疑，使学生的自我认识能力得到提升，为学生形成批判性思维提供了一次真实的体验。

4. 在教学过程中引导学生以小组为单位进行探究，充分发挥了每个学生的自主学习能力。从学生的参与积极性来看，这种教学策略是比较成功的。此外，从小组结果的展示上可以看出课堂生成性问题比预设更有利于学生学习。因为在小组交流中，一些看似很简单的问题，学生却屡屡出错，当这些问题得到解决时，学生的综合素养就得到了全面的提升，这种提升在传统的讲授法课堂教学中是不可能实现的。

5. 整节课的设计都立足于教师引导学生去思考、去探究，把教师定位在引导、规范和答疑上是新课程要求教师角色改变的体现。

“能量之源——光与光合作用”教学案例及点评

教学案例

案例适用年级及版本：高中一年级　人教版

教学课时：1 课时

一、教学目标

1. 知识与技能

（1）举例说明影响光合作用的因素（光照、温度等）与光合作用强度之间的关系。

（2）说出光合作用原理的应用。

（3）简述化能合成作用。

2. 过程与方法

（1）运用具体研究实例尝试数学模型的构建或转换。

（2）尝试运用所学知识分析解决实际问题。

3. 情感态度与价值观

认同科学的研究方法（数学模型的构建）对解决重要的生物学问题具有重要意义。

二、教学重点、难点

1. 教学重点

（1）数学模型的构建方法。

（2）影响光合作用的因素（光照、温度等）与光合作用强度之间的关系。

（3）光合作用原理应用的具体措施。

（4）化能合成作用。

2. 教学难点

数学模型的构建方法以及影响光合作用的因素（光照、温度等）与光合作用强度之间的关系。

三、教学资源

PPT、多媒体教室、“光合作用原理的应用”导学资料。

四、教学过程

（一）课前准备

完成本节课所需要的 PPT 制作、“光合作用原理的应用”导学资料选材和导学稿制作、学生的分组编号、多媒体教室调试。

（二）课程导入

提出问题：光合作用分为哪几个阶段？光合作用的本质是什么？（师生共同完成）

新课导入：（展示几张光合作用原理在农业生产上的应用的实例图片）研究光合作用的重要价值在于利用光合作用的原理提高农业产量，为人类生产生活服务。这些图片都是农业生产上应用光合作用原理来提高产量或效益的实例，这节课我们主要来讨论这个问题。

（三）目标达成

讨论 1：依据光合作用的过程，说说影响光合作用的因素有哪些？这些因素主要影响光合作用的哪一个阶段？

学生讨论得出：影响光合作用的外部因素主要有光照、温度、二氧化碳、水分等。（光照—光反应；温度—光反应和暗反应；二氧化碳—暗反应；水分—光反应）

师：这些因素的强弱对光合作用强度变化有怎样的影响是我们控制这些因素增加产量所要明确的关键问题。这就需要我们对影响光合作用的因素（光照、温度、二氧化碳等）与光合作用强度变化之间的关系进行定性或定量的表述，即建立两者之间的数学形式，这就涉及生物学上常用的研究方法之一——数学模型的构建。下面以光照强度与光合作用强度之间的关系研究为例，进行数学模型构建。

要建立光照强度与光合作用强度之间的关系的数学模型，首先要提出研究的问题，然后设计实验、完成实验（教材有参考的实验案例），最后利用实验结果完成模型构建。由于条件所限，此教学利用某生物兴趣小组的实验案例来完成模型构建。

（教师出示学习给学生材料）

该生物兴趣小组的实验研究实际上已经开始了数学模型构建这一重要的方法，教师引导学生分析：番茄是我们日常食用的蔬菜之一，营养价值高、需求量大。番茄的光合作用强度随光照强度如何变化？什么样的光照强度最有利于提高番茄的产量？（方法步骤一：观察对象，提出问题）

在充足的二氧化碳和适当的温度条件下，在不考虑其他因素对实验影响的前提下进行实验数据的测定。（方法步骤二：作出合理假设）

经过观察、统计及相应处理，得到结果如表。（表略）

实验小组得到的这个实验数据统计表，实际上就是试图运用这样的数学形式对光照强度与光合作用强度之间的关系进行表达。（方法步骤三：构建数学表达）

活动 1：小组讨论分析，在答题卡坐标一（略）上绘出光照强度与该植物叶片光合作用强度的关系曲线图。

实验数据统计表以及由数据转化而来的曲线图都属于数学模型的表现形式。

讨论 2：曲线图与数据统计表格都可以反映光照强度与光合作用强度之间的关系，曲线图的优点是什么？

学生讨论得出：曲线图更加形象、直观。曲线图是更直观的一种数学模型表现形式，从曲线图上我们可以直接看出光照强度与光合作用强度之间的关系。

（教师引导学生分析：光补偿点、光饱和点以及光合作用强度随光照强度的变化而变化的规律）

问题：曲线图这样的数学表达形式直观、形象地反映了光合作用强度随光照强度的变化而变化的规律，是不是可以直接应用于生产实践？

学生讨论得出：不可以。在适宜浓度的二氧化碳和适当的温度条件下，不考虑其他因素对光合作用强度影响的前提下，这种数学模型往往是比较简单的，然而在实际条件下存在着许多不确定因素和例外情况，所以还需要通过大量的实验或观察对模型进行检验和修正。（方法步骤四：检验和修正）

活动 2：参考坐标一，试着在坐标二（略）中构建番茄一昼夜中光合作用强度变化的数学曲线模型。

（教师可以适当提示：坐标一横坐标是光照强度，坐标二横坐标为一昼夜不同时刻；活动完成后，对学生的活动结果进行分析、评价、小结）

（展示同学成果）

讨论3：（依据同学展示的曲线图）这样的变化与我们构建的数学模型矛盾吗？ 12时光合作用强度较低的原因是什么？ 14时以后光合作用强度下降的主要外因是什么？

（小组汇报交流，教师评价，得出结论）

课堂演练：

已知某植物光合作用和呼吸作用的最适温度分别为25℃和30℃。下图表示该植物在25℃时光合强度与光照强度的关系。若将温度提高到30℃（原光照强度和二氧化碳浓度等不变），从理论上，图中相应点的移动应该是（　　）。

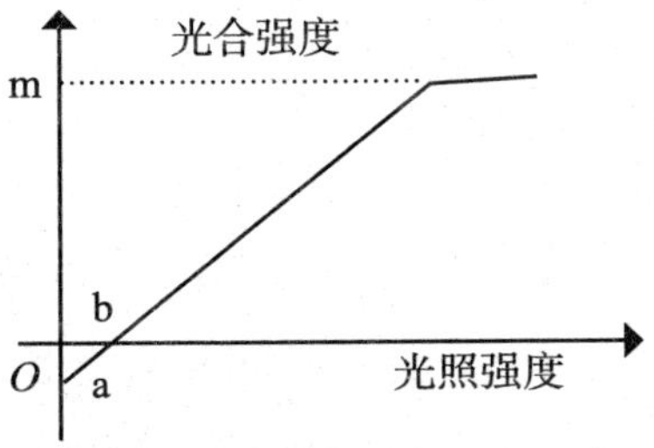

A．a点上移，b点左移，m值增加

B．a点不移，b点左移，m值不变

C．a点下移，b点右移，m值下降

D．a点下移，b点不移，m值上升

（答案：C）

讨论4：从光照强度的角度考虑，你认为可以采取哪些具体措施来提高农作物产量？

学生讨论得出：适当提高光照强度；延长光合作用时间（如轮作）；温室大棚用无色透明玻璃；合理密植，增加光合作用面积（如间作）等。

课外拓展：联系已有知识和生活体验，试预测温度、二氧化碳浓度变化与光合作用强度之间的数学模型，搜集资料证实你的猜测。

（四）化能合成作用

（学生阅读课本 P105 相关知识）

讨论 5：什么是化能合成作用？试举例说明。

（小组汇报交流，教师评价、小结）

五、教学反思

本节课重点安排了一个探究实验——环境因素对光合作用强度的影响。由于探究实验在课堂很难实施，而环境因素与光合作用强度之间的变化关系又是学生领悟光合作用原理、应用理论解决生产实际问题的基本前提，所以光合作用强度与环境因素之间的变化关系既是本节课的教学重点，又是教学难点。

为了突出重点、突破难点，本节课引入了数学模型构建这一重要的研究方法。模型是人们认识自然界的一种重要方式，也是理论思维发展的重要形式，无论在生物科学研究还是在学习科学过程中，模型和模型构建方法都起着十分重要的作用。因此本节课做了以下尝试：

首先，通过对课前准备好的导学资料“某校生物兴趣小组利用相应装置，在充足的 CO_2 和适当的温度条件下，对番茄光合作用强度和光照强度之间的关系进行探究”进行分析研究，使学生在形象、直观的实例中体会到了数学模型构建的基本步骤：观察对象，提出问题；作出合理假设；构建数学表达；检验和修正。这种运用实验实例进行教学的方式是在中学课堂条件有限的情况下，定性、定量研究某些变量之间关系的一种方法上的创新，它可以使抽象的理论具体化、形象化。

其次，通过两项小组探究活动：活动 1“小组讨论分析，在答题卡坐标一上绘出光照强度与该植物叶片光合作用强度的关系曲线图”；活动 2“参考坐标一，试在坐标二中构建番茄一昼夜中光合作用强度变化的数学曲线模型”使学生尝试了数学模型的构建以及其不同表现形式之间的转换，初步掌握了一种重要的数学研究方法，体验到了成功的喜悦，同时又提升了小组合作、语言交流、归纳总结等综合能力。其中，活动 2 中数学模型构建是在参考活动 1 的基础上实施的，不同于常规的构建步骤，属于一种思维能力的创新。此外，通过分析数学模型中变量之间的变化，使学生掌握了光照等因素与光合作用强度之间的关系，认同了科学的研究方法（数学模型的构建）对解决重要的生物学问题具有重要意义，基本达成了新课程的三维目标。

第三，通过讨论3"(依据同学展示的曲线图)这样的变化与我们构建的数学模型矛盾吗？12时光合作用强度较低的原因是什么？14时以后光合作用强度下降的主要外因是什么"；课堂演练；讨论4"从光照强度角度考虑，你认为可以采取哪些具体措施来提高农作物产量"使学生进一步巩固了课堂所学知识，强化了应用知识解决问题的能力，培养了理论联系实际的思维习惯。

第四，课程结束之后留有课外拓展"联系已有知识和生活体验，试预测温度、二氧化碳浓度变化与光合作用强度之间的数学模型，搜集资料证实你的猜测"，进一步引导学生积极实践课堂之外的探究性学习，既激发学生的求知欲望，扩大学生的知识面，又有助于学生养成终生学习的良好习惯。

本节课的不足之处在于，首先，由于时间限制，有些问题探讨得不够深入，例如，讨论4"从光照强度角度考虑，你认为可以采取哪些具体措施来提高农作物产量"；其次，化能合成部分本来打算由小组归纳总结，但由于时间原因最终没能实施；再次，课堂检测比较少。另外，将除光照以外的其他因素与光合作用强度的关系作为课外扩展，还需要一定课时来完成。

总的来说，我觉得本节课设计的环节显得稍多了一些，其实本节课只抓住数学模型构建的方法和光照强度与光合作用强度之间的关系的模型构建及转换两个主要问题就够了，活动2和讨论3可作为课外拓展进行，这样课堂就不会显得仓促了。

（陕西省西安铁一中　李博）

专家点评

本课时要探讨两个问题，一个是光合作用原理的应用，另一个是化能合成作用。教材在讲述了什么是光合作用强度之后，引导学生通过环境因素如何影响光合作用强度的探究实验来认识光合作用的原理及应用。这个实验所探究的问题对学生来说可能比较陌生，虽然教材为此提供了相关的提示和参考案例，但是要在中学课堂上完成此探究实验也绝非易事，所以光合作用原理的应用这部分知识看似简单，实则是学生理解上的一个难点。对于化能合成作用这一问题，虽然学生比较陌生，但相对来说，比较容易理解。

针对本节课的难点，结合新课程要求以及本课题研究目的，该教师的教学设计有以下几个亮点：

1. 课程设计中大胆引入了数学模型的构建方法。数学模型的构建在生物学研究以及生物学理论学习中均具有非常重要的意义。本节课先通过实例分析，使学生对数学模型构建的步骤有了初步认识，然后通过学生活动对实验数据与坐标曲线进行不同数学形式的转换，使学生进一步体验数学模型的构建，同时通过对小组亲自建立的数学模型的分析，得出影响光合作用的因素与光合作用之间的变化关系，既使学生掌握了研究方法，又使学生体验了生物理论知识的获得过程，实现了本教学的三维目标。

2. 整个课程采用学生分组活动与讨论相结合的方式进行。新课程强调学生的主体地位，强调学生的合作、探究能力及全面发展。采用小组合作的学习方式，既培养了学生的团结协作意识，又体现了学生的主体性、主动性，使学生在学习中展示了自我、发扬了个性、感知到了成功。

3. 课程学习与实际演练、课外拓展相结合。教学过程中，运用典型的课堂演练对学生的知识掌握进行及时的检测与反馈，在检验学生课堂知识掌握的同时，培养了其应用理论解决实际问题的思维习惯。课程结束之后的课外拓展，进一步引导学生积极实践课堂之外的探究性学习，既可以激发学生的求知欲望，扩大学生知识面，又有助于学生养成终生学习的良好习惯。

但本节课的设计也有一些不足之处，如学生活动及讨论不够充分、教师对小组活动评价不够深入。另外，多种因素同时对光合作用强度产生影响也未涉及。

总体来看，本节课内容充实、方法灵活、学生参与性强，符合新课程探究学习的要求。

第二节　培养学生动手实践能力的教学案例及点评

“动物细胞的有丝分裂”教学案例及点评

教学案例

案例适用年级及版本：高中一年级　人教版

教学课时：1课时

一、教学目标

1. 知识与技能

（1）描述动物、植物细胞有丝分裂的异同。

（2）说明细胞有丝分裂的过程。

2. 过程与方法

（1）构建细胞有丝分裂过程的物理模型。

（2）构建细胞有丝分裂过程中染色体形态变化模型。

（3）通过对动物、植物有丝分裂过程的比较学习，培养分析、比较和综合的思维能力。

3. 情感态度与价值观

通过对有丝分裂过程中各个时期的特点以及染色体的变化特点的学习，培养学生辩证唯物主义观点和利用发展的观点看问题的习惯。

二、教学重点、难点

1. 教学重点

细胞生长和增殖的周期性、真核细胞有丝分裂的过程。

2. 教学难点

有丝分裂过程中各个时期染色体的变化特点。

三、教学资源

教学课件、学案。

四、教材分析

本节课是必修一第六章第一节“细胞的增殖”的教学内容，学生已经学习了细胞周期的概念、植物细胞的有丝分裂过程，对细胞有丝分裂过程中的主要变化特点，即对染色体的形态和数量变化已经有了基本了解，因此，本节课主要在区别动、植物结构的基础上，学习动物细胞的有丝分裂过程，并进一步总结分裂过程中各个时期的特点。

五、教学过程

（一）回顾旧知，启动探究

利用课件设计的问题，引导学生回忆分裂周期的概念、植物细胞有丝分裂过程中各个时期的特点，并要求学生以细胞中存在 4 条染色体为依据，构建植物细胞分裂的各时期图形，将图形汇入课前分发的表中。（如下表）

细胞分裂的各个时期

间期	前期	中期	后期	末期
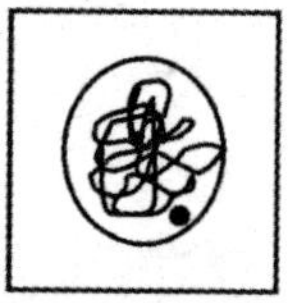	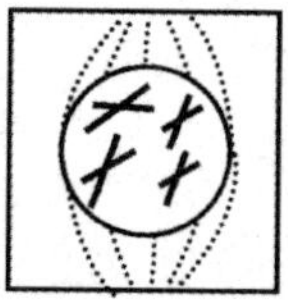	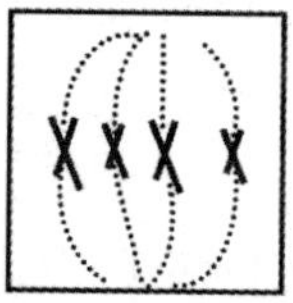	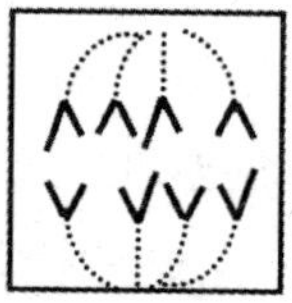	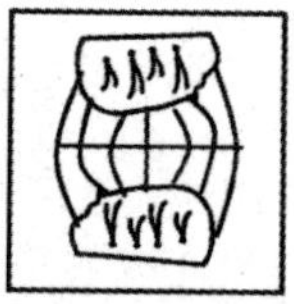

学生积极性很高，根据自己的理解，把含有 4 条染色体的有丝分裂过程画在事先分发的表格中。教师观察，选出错误的图和较好的图进行展示，要求学生点评、纠正，课堂气氛活跃。

（二）引导探究，建构新知

画完植物细胞有丝分裂过程的模式图，学生对植物细胞的有丝分裂过程有了深刻的了解。接着，学习动物细胞的有丝分裂过程，先请学生思考动、植物细胞结构上的区别，进而引导学生思考：①动物细胞中的中心体在有丝分裂过程中可能起什么作用？②动物细胞没有细胞壁，如何把一个细胞分裂为两个细胞？

请同学们仔细观察动物细胞有丝分裂的动态模拟过程，并与植物细胞有丝分裂过程进行比较，看看它们有哪些共性，找找它们有哪些区别。

课件演示：动物细胞有丝分裂的动态模拟过程、动物细胞有丝分裂过程图。

一边播放，一边描述动物细胞有丝分裂过程中的各种变化。最后，将动、植物细胞有丝分裂过程图并列投影在屏幕上供学生观察、比较。师生共同总结出动物细胞有丝分裂与植物细胞有丝分裂的异同点。（如下表）

动物、植物细胞有丝分裂的异同点

<table>
<tr><th></th><th></th><th>植物细胞有丝分裂</th><th>动物细胞有丝分裂</th></tr>
<tr><td rowspan="2">不同点</td><td>前期纺锤体形成方式</td><td>由细胞两极发出纺锤丝形成纺锤体</td><td>两组中心粒发出的星射线形成纺锤体</td></tr>
<tr><td>末期两个子细胞的形成</td><td>植物细胞中部形成细胞板，扩展形成新细胞壁，分裂成两个子细胞</td><td>细胞膜从细胞中部向内凹陷，把细胞缢裂成两个子细胞</td></tr>
<tr><td rowspan="2">相同点</td><td>间期</td><td colspan="2">DNA 的复制和有关蛋白质的合成</td></tr>
<tr><td>分裂期</td><td colspan="2">染色体平均分配到两个子细胞中</td></tr>
</table>

为了能更好地了解动物细胞的有丝分裂过程，我们以细胞中含有 4 条染色体为例，画出动物细胞分裂过程示意图。（学生构建物理模型，深刻理解有丝分裂过程并使之成为以后的解题依据）

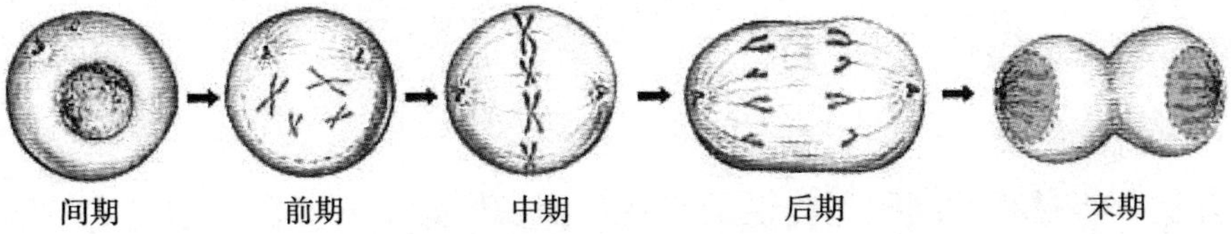

动物细胞有丝分裂模式图

（三）深入探究，把握重点

在学习了动物、植物细胞的有丝分裂过程后，对其中最主要的变化，即染色体的变化进行总结。假如细胞中有 1 条染色体，请同学们画出其在各个时期的形态的变化。（如下图）

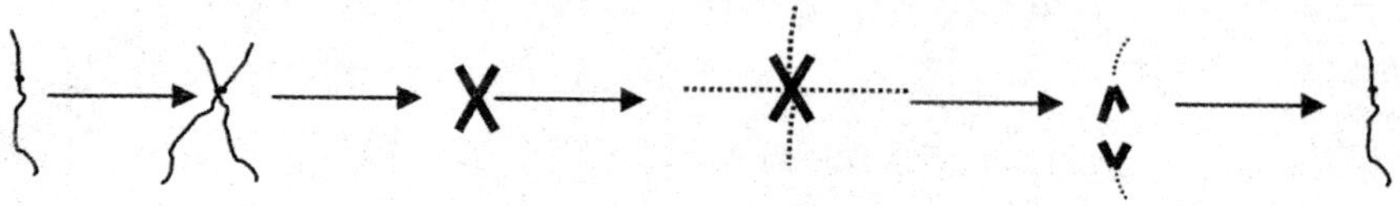

细胞有丝分裂中染色体形态的变化

在此基础上，引导学生分析有丝分裂过程中染色体、DNA 和染色单体的数量变化规律。以细胞中含有 4 条染色体为例，利用课件，边引导分析思考，边总结归纳细胞有丝分裂各个时期染色体、DNA、染色单体的数量变化。（如下表）

细胞有丝分裂各个时期染色体、DNA、染色单体数量的变化

	间期	前期	中期	后期	末期
染色体数	4	4	4	8	8 → 4
DNA 数	4 → 8	8	8	8	8 → 4
染色单体数	0 → 8	8	8	0	0

（四）分析、总结

在对动物、植物细胞有丝分裂过程总结的基础上，进一步引导学生总结细胞有丝分裂的意义，即亲代细胞的染色体复制之后，精确地平均分配到两个子细胞中。由于染色体上有遗传物质 DNA，因而在细胞的亲代和子代之间保持了遗传性状的稳定性。

布置作业：预习“观察根尖分生组织细胞的有丝分裂”实验，并由生物兴趣小组培养洋葱根。

六、教学反思

有丝分裂过程是细胞整体性的变化过程，但其主要变化是细胞核内染色体的变化，这是一个微观的动态变化过程，学生很难弄清楚染色体、DNA、染色单体的数量变化，通过构建分裂过程模型、染色体形态模型，使学生对其认识和理解有了很大提高。

在学生认同细胞生长和增殖的周期性的基础上，深入学习细胞有丝分裂过程中遗传物质的周期性变化，有助于学生理解有丝分裂的意义，也为今后学习减数分裂和遗传基本规律等知识打下基础。

（安徽省合肥市中国科技大学附属中学生物教研组）

专家点评

构建模型是本节课的核心内容，也是促进学生思维能力发展的重要过程。细胞有丝分裂是生物体生长发育的基础，是高中生物教学的重要内容之一。如何利用这一重要内容发展学生的科学探究能力，提高课堂教学质量，实现三维教学目标，是本节课的重点。

该教学案例先围绕植物细胞有丝分裂时的行为变化这一探究主题，让学生画出不同分裂时期的染色体图形，而画图形和学习内容密切相关，只有对知识理解到位才能画出正确的染色体图形，可见，思维是学生画图以及构建物理模型的基础，所以，这一过程正是促进学生思维能力发展的过程。

之后，教师又引导学生抓住动物细胞与植物细胞有丝分裂过程的异同点进行分析比较，要求学生仔细观察动物细胞有丝分裂的动态模拟过程，并与植物细胞有丝分裂过程进行比较，查找它们的共性与区别，继续采用画图的方法构建动物细胞有丝分裂模式图。接着进一步引导学生分析思考有丝分裂过程中染色体、DNA和染色单体的数量变化规律。

该课堂教学能够抓住重点知识，采用画图的方法在构建细胞有丝分裂物理模型的同时促进学生比较思维能力的发展，但如何通过对有丝分裂过程中各个时期的特点和染色体的变化特点的学习，使学生学会用辩证唯物主义观点和发展的观点看问题，案例的表述和反思都显得不够。所以，该课堂教学研究还有较大的探索和发展空间。

“细胞器——系统内的分工合作”教学案例及点评

教学案例

案例适用年级及版本：高中一年级　人教版

教学课时：1 课时

一、教学目标

1. 知识与技能

（1）举例说明几种细胞器的结构和功能。

（2）知道分离各种细胞器的科学方法。

（3）能说出植物细胞与动物细胞的区别。

2. 过程与方法

（1）通过绘制细胞内各细胞器，初步形成绘图能力以及从整体和部分认识细胞的能力。

（2）通过对资料的阅读培养学生分析问题的能力。

（3）利用课本插图和课件，培养学生读图能力，掌握分析、归纳问题的方法。

3. 情感态度与价值观

体验科学研究离不开探索精神，感悟科学探索需要理性思维与技术手段相结合。

二、教学重点、难点

几种主要细胞器的结构和功能。

三、教学资源

教学课件、代表细胞轮廓的圆圈图。

四、教材分析

本节课是人教版教材“分子与细胞”模块第三章“细胞的基本结构”的第二节内容，在此之前，学生已经学习了细胞膜的组成和功能，本节课主要向学生介绍各种细胞器的形态、结构和功能。为了克服传统讲授方法难以提高学生学习兴趣的问题，本节课采用通过观察模式图和构建物理模型的方式学习各种细胞器的形态结构，激发学生的学习兴趣，同时穿插部分学习资料，通过对资料的分析，提高学生主动获得知识的能力。

五、教学过程

（一）回顾旧知，启动探究

上节课学生学习了细胞膜的组成及功能，知道了细胞膜以内核以外的部分就是细胞质。那么细胞质是由什么构成的呢？引导学生回忆在初中阶段学习的叶绿体的功能，进而引出细胞器的概念：细胞质中有许多具有一定的形态结构和功能的小器官，如线粒体、叶绿体、内质网、高尔基体、核糖体、溶酶体等，它们统称为细胞器。那么这些细胞器具有什么样的形态、结构和功能呢？由此引入课题，让学生带着问题走进课堂。

（二）引导探究，建构新知

1. 阅读材料、观察图片，获得新知

要研究细胞内各种细胞器的组成成分和功能，首先要把它们分离出来。用什么方法将它们分离开呢？学生阅读教材中的相关资料，了解分离细胞器的方法，教师大屏幕展示离心机图片。接着大屏幕展示动物、植物细胞的亚显微结构模式图，学生通过观察、思考，回答动物、植物细胞中细胞器种类的异同。

2. 利用资料分析功能，图示形态、结构，构建模型

学习线粒体时，先展示材料：①飞翔鸟类胸肌细胞中线粒体的数量比不飞翔鸟类的多；②运动员肌细胞线粒体的数量比缺乏锻炼的人多；③在体外培养细胞时，新生细胞比衰老细胞或病变细胞的线粒体数量多；④动物冬眠状态下肝细胞中的线粒体数量比常态下多。以此让学生推测线粒体可能具有什么功能。接着屏幕展示线粒体的结构模式图，并对其形态和结构进行介绍。最后，让各位同学用铅笔在课前分发的 A 圆圈（如下图，A、B 表示细胞轮廓，以下同）内画出线粒体的平面图。

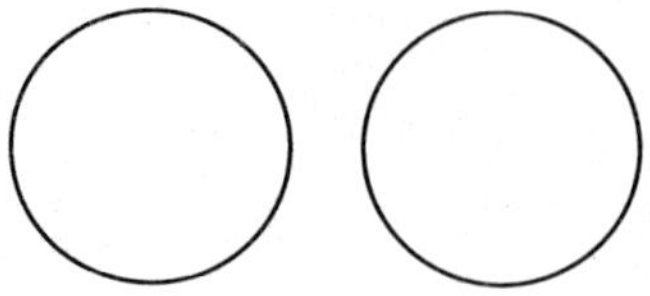

A　　B

学习叶绿体时，由学生已知的功能，即叶绿体是绿色植物进行光合作用的细胞器引入，引导学生思考叶绿体在植物体中的分布情况。通过屏幕显示叶绿体的结构模式图，介绍其形态、结构，并让学生把叶绿体的平面图在 A 圆圈中画出来。

利用屏幕依次显示内质网和高尔基体的形态与结构模式图，分别对其进行介绍，注意它们之间的异同（相同点：都是由单层膜围成；不同点：内质网是由单层膜围成的网状物，高尔基体则是一些紧密的重叠在一起的囊状结构，有些膜紧密折叠成片层状的扁平囊，有些扁平囊的末端扩大成大小不等的泡状或囊泡状结构）。为了更好地对其进行识别，请学生将二者的平面图绘入上述 A 圆圈中。

3. 阅读教材，归纳总结，构建模型

在对细胞中的四种细胞器进行了详细分析、讨论之后，让学生根据教材的介绍，对其余四种细胞器进行比较、学习，并通过讨论完成屏幕显示的细胞器的形态、结构和功能的比较表。完成填表之后，屏幕依次显示核糖体、液泡、溶酶体和中心体等四种细胞器结构模式图，请同学们观察这几种细胞器的模式图，并把它们的平面图也画在 A 圆圈中。

至此，学生已经构建了细胞中多种细胞器的模型，但是有的细胞器位置不太合适，有的细胞器大小及比例不准确，再请学生重新把所有的细胞器统筹好，画入 B 圆圈中。

4. 巡视构建过程，作出评价

教师巡视学生构建模型的过程，注意选取几张有代表性的图（包括较好的和问题较多的图）。利用展示仪展示学生的细胞器平面图，并作出评价。

（三）小结并明确细胞质的组成

细胞质中的各种细胞器，虽然结构和功能各不相同，但它们在细胞中分工协作、密切配合，共同完成细胞的各种生命活动。细胞质内除了各种细胞器外，还有胶态的细胞质基质，由水、无机盐、脂质、糖类、氨基酸、核苷酸和多种酶等组成，它们在细胞质基质中进行着多种化学反应。

六、教学反思

1. 本节课是对各种细胞器的学习，识记内容较多。那么，怎样在学习过程中培养学生的探究能力并使学生便于记忆是本节课的重点。我选择通过在教学过程中穿插模型构建过程，让学生画出各种细胞器平面图的形式，帮助他们较好地掌握各种细胞器的形态结构。

2. 本节课通过对所给材料的阅读，培养了学生分析问题的能力；通过对课本知识的阅读，培养了学生分析、归纳和综合的能力。

3. 由于之前学生对绘制生物图不太了解，致使有的学生用素描的方式把图画得很漂亮，但有失规范。因此，要在课前告诉学生如何规范绘制生物图。

（安徽省合肥市中国科技大学附属中学生物教研组）

专家点评

细胞是生命体构成的基本单位，也是生物教学的核心概念。如何通过细胞的相关教学让学生在掌握知识的同时获得思想、能力等多方面的发展，是教学研究的重要内容。安徽省合肥市中国科技大学附属中学生物教研组围绕“细胞器——系统内的分工合作”这一教学内容进行了较为深入的探究。

从三维教学目标的设计来看，教师对这节课下了很大功夫，知识与技能目标和过程与方法目标的设计都比较符合课程标准的要求以及学生发展的实际水平。相对而言，情感态度与价值观目标的设计则显得较为空泛、不具体，“体验科学研究离不开探索精神，感悟科学探索需要理性思维和技术手段的结合”，这样的教学目标可以放在大多数生物课上，但都难以落实到课堂。可见，教师对这节教学内容的理解还需要做进一步的探究。

从学习内容的探究过程来看，这节课主要采用了“屏幕显示细胞器的形态、结构—学生观察分析—画图构建模型—模型展示分析”的方式，在这一过程中，教师能及时发现学生所画图形的正误并予以引导修正，对学生整体水平的提高有很重要的意义。

虽然细胞质中各种细胞器的结构和功能各不相同，但它们在细胞中分工协作、密切配合，共同完成细胞的各种生命活动，可见，细胞器的分工合作是细胞生命活动的关键。如何让学生整体感悟和理解这一重要内容，不仅涉及学生对知识的理解，更涉及教师如何通过知识学习让学生体验感悟生物学的系统思想方法，但因本节课教学目标设计不到位，使得探究学习的高度难以显现。

“细胞的基本结构”教学案例及点评

——尝试利用废旧物品制作真核细胞的三维结构模型

教学案例

案例适用年级及版本：高中一年级　人教版

教学课时：1 课时

一、教学目标

1. 知识与技能

巩固认识真核细胞的结构。

2. 过程与方法

尝试制作真核细胞的三维结构模型，体验构建物理模型的过程。

3. 情感态度与价值观

（1）通过小组成员共同制作细胞模型，提高合作精神。

（2）通过寻找废旧物品的过程，认识废旧物品的重新利用价值。

二、教学重点、难点

1. 教学重点

巩固认识真核细胞的结构。

2. 教学难点

制作真核细胞的三维结构模型。

三、教学资源

各种废旧物品。

四、教材分析

本节课是“分子与细胞”模块的第三章内容，是学生学习了“细胞膜”“细胞器”和“细胞核”三部分内容之后，为了使学生从总体上认识和巩固细胞结构知识而设计的。本课设计在教材内容“尝试制作真核细胞的三维结构模型”的基础上进行了创造。为了防止学生模仿教材，千篇一律地应用橡皮泥制作模型，教师要求学生以小组为单位，自行寻找合适的废旧物品，对细胞三维结构模型进行课下设计并在课堂上动手制作。

五、教学过程

（一）课前设计方案，寻找材料

课前，学生阅读、参考教材中用橡皮泥制作的真核细胞模型，以小组为单位，经过讨论，先设计出制作细胞模型的方案，然后由组长统筹安排，组员分别寻找适合制作细胞三维结构模型的废旧物品，要求注意安全。在确定每组都寻找到合适的材料之后，带入实验室准备制作。

（二）引导复习，强调重点

经过前面几节课的学习，学生已经认识了细胞的各部分结构。为了从总体上认识细胞、巩固所学知识，并为制作细胞模型做准备，教师先通过 PPT 课件展示本章知识网络。展示的同时，向学生提问一些关于细胞器形态和结构的内容，并强调制作时的注意事项。

（三）交流制作方案

每组组长就本组的制作方案进行汇报交流，包括制作的是植物细胞还是动物细胞，每种细胞器和细胞核所用的材料、制作的程序等。如果其他同学有疑问，可以提出并进行讨论。在确定没问题的基础上，各组分别进行细胞三维结构模型的制作。

（四）学生制作，教师巡视

同学协作，根据小组已经讨论制订的方案，利用自带的废旧物品，在制作各种细胞组件的基础上，构建真核细胞的三维结构模型。为了使学生顺利完成模型制作，并力求模型的完美，教师提醒学生在制作过程中要注意以下问题：①模型中要具备细胞的各种结构；②注意各种结构的比例和放置的位置；③模型要科学、美观；④注意卫生安全。学生制作，教师巡视，并对学生制作过程中产生的问题进行交流和指导。

（五）展示模型，进行评价

通过合作，各小组制作完成了真核细胞的三维结构模型。各小组按顺序展示自己制作的模型，并说出模型中的各种细胞结构、选择材料时是如何考虑的以及本组细胞模型的最大优点和不足。（通过展示发现，有的小组制作的模型科学、美观，而且材料应用较合适，有的小组在制作时对细胞器的比例欠考虑，模型精准度不够）

最后，请同学们在自己制作的模型上写上班级、姓名以及制作日期，上交老师，以便保存。

六、教学反思

1. 利用模型构建培养学生的探究思维

本节课是对“细胞的基本结构”一章进行复习，识记内容较多，于是，我通过利用废旧物品构建真核细胞的三维结构模型培养学生的探究合作精神，帮助学生较好地掌握真核细胞的结构，便于识记。

2. 本节课的两个“创新”

模型构建是为教学服务的，其服务的主体是学生，所以教师应尽可能多地创造条件让学生自己去操作，从而使他们的能力得到锻炼和提高。首先，本节课是对教材中制作要求的创新，教材中仅要求学生课下进行模型制作，本节课让学生以小组为单位，在课堂上进行制作，这样，所有的学生都能够参与进来，防止了只有少数学生参与的不足；其次，本节课是对制作材料的创新，教材提供了应用橡皮泥制作的真核细胞三维结构模型，为防止大部分同学都利用橡皮泥进行制作，便设计了用废旧物品制作真核细胞的三维结构模型的教学，达到了引导学生思考、提高合作精神和认识废旧物品的重新利用价值等目的。

（安徽省合肥市中国科技大学附属中学生物教研组）

专家点评

制作真核细胞模型是高中生物教学中构建物理模型的经典内容。该教学案例在深入研读课程标准、研究教材的基础上，充分认识到细胞模型构建对学生学习的重要作用，在教学设计时，下了很大功夫，主要表现在以下三个方面：

一是巩固认识真核细胞的结构。学生在模型构建过程中，需要对真核细胞结构有深入理解，否则就无法将细胞的内部结构，如各个细胞器的形态、位置、比例等在模型上表达出来。制作过程中，需要学生反复地回忆知识，理解知识，再以模型的方式进行表达，这比让学生单纯死记硬背知识要轻松愉快得多，记忆知识的效率也要高得多。学生为了应付考试而记忆的知识，不久便会遗忘，而通过模型制作记忆的知识，则会记忆一辈子，因为制作模型的过程是手脑并用的过程，是对知识深入理解的过程。

二是在制作模型过程中教师要求学生用废旧物品制作真核细胞的三维结构模型，这不仅是对教材内容的创新，也是对课程资源的创新。教师站在学生的角度去观察外部世界，让学生寻找可利用的材料构建细胞模型，这一过程是提高学生综合素质的过程，是本教学案例的亮点。

三是要求学生小组合作制作细胞模型。小组合作比学生个体单打独斗制作模型思路更广、方法更多、材料来源更丰富，学生的学习兴趣会更高。案例中“以小组为单位，经过讨论，先设计出制作细胞模型的方案，然后由组长统筹安排，组员分别寻找适合制作细胞三维结构模型的废旧物品，要求注意安全。”“组长就本组的制作方案进行汇报交流，包括制作的是植物细胞还是动物细胞，每种细胞器和细胞核所用的材料、制作的程序等。如果其他同学有疑问，可以提出并进行讨论”等内容都会使学生处于较为兴奋的学习状态。

制作模型的过程是学生科学探究过程的真实表现，将搜集来的废旧物品制作成真核细胞三维结构模型的过程不仅使学生深入理解了知识、锻炼了动手能力、学会了小组合作，更使学生的综合素质得到了锻炼和提高。如果上述案例能够将小组评价的内容予以补充完善，以评价促进小组的合作探究学习，相信教学效果会更好。

第四章

基于生命科学史的生物探究教学案例分析

著名科学史家萨顿曾说："一部科学史，在很大程度上就是一部工具史，这些工具，无论有形或无形，都是由一系列人物创造出来，以解决他们遇到的某些问题，每种工具和方法都是人类智慧的结晶。"可见，科学史揭示了科学家的研究思路、研究方法和研究过程，揭示了每一个知识点的产生过程就是一个探究的过程。如果教师在教学中将科学史引入生物教学，便能促进学生理解知识发生的过程、学会科学方法、形成正确的价值观，培养他们敢于质疑的精神。

第一节　培养学生不断探索的科学精神的教学案例及点评

“DNA 的复制”教学案例及点评

教学案例

案例适用年级及版本：高中二年级 人教版

教学课时：1 课时

一、教学目标

1. 知识与技能

（1）说出 DNA 复制的时间和场所。

（2）概述 DNA 复制所需条件、过程及特点。

2. 过程与方法

（1）通过学习科学家探索 DNA 复制的经典实验，使学生形成提出问题、分析问题和解决问题的能力。

（2）通过小组讨论交流，使学生形成分析能力、创新思维能力及表达能力。

3. 情感态度与价值观

（1）体验科学家认识 DNA 复制的思维过程。

（2）探讨 DNA 复制的生物学意义。

（3）形成良好的科学思维和科学态度。

二、教学重点、难点

1. 教学重点

（1）DNA 的复制过程。

（2）DNA 半保留复制实验的分析。

（3）思维方式和学习能力的培养。

2. 教学难点

（1）半保留复制实验分析。

（2）评价问题的方法。

三、教材分析

“DNA 的复制”是人教版生物“遗传与进化”中第三章第三节的内容，本课教学设计主要针对高二理科班学生。DNA 分子的结构和复制是遗传学的基本理论，这一课时，在联系 DNA 结构的基础上，进一步阐明 DNA 通过复制传递遗传信息的功能。掌握这节课内容，有利于学生对有丝分裂、减数分裂、遗传规律等知识的理解和巩固，对学生深刻认识遗传的本质有非常重要的作用。“DNA 的复制”又是后面变异内容的基础，掌握这部分内容，有利于学生对基因突变、基因重组、生物进化等内容的理解和掌握。教师可根据学生理解层次的不同，进行有选择的介绍和探究。本设计通过引导学生对该过程的演绎推理，帮助学生理解 DNA 的复制，培养学生科学探究的一般方法和逻辑思维。

四、教学过程

（一）复习旧知，引入新课

提问上节课所学内容，根据学生的回答情况确定复习旧知的详略程度（若学生对上节课的内容印象比较深，大部分都能回忆起来，就无需再花费时间复习；若学生对其印象不深，只能回想起少部分内容，那么就由老师引导大家一同回忆），在提问过程中，老师尽量不要将答案直接告诉学生，而要引导学生自己说出来。

设计意图：简单快速地对上节课所学内容（DNA 分子的结构）进行回忆、巩固。

（二）对 DNA 复制的初步探究

引导学生讨论并分析康贝格的实验，了解 DNA 复制的一般条件。

步骤 1：1956 年，康贝格在试管中将大肠杆菌中提取出的 DNA 聚合酶加入具有四种丰富的脱氧核苷酸的人工合成体系中。

结果：在试管中四种脱氧核苷酸不能合成 DNA 分子。

步骤 2：康贝格在上述试管中加入了少量 DNA 分子和 ATP，在适宜温度条件下，培养一段时间后，测定其中 DNA 的含量。

结果：试管中 DNA 的含量增加。

提问：

（1）在步骤 1 中，为什么要加入 DNA 聚合酶和四种脱氧核苷酸？

（2）步骤 2 中加入的 DNA 和 ATP 有什么作用？

（3）根据实验可知，DNA 复制需要哪些必需的条件？

设计意图：引导学生讨论并分析康贝格的实验，探究 DNA 复制所需的条件。

（三）对 DNA 复制方式的演绎推理

通过对上述问题的讨论，学生对 DNA 复制的条件有了初步了解，教师在此基础上引导学生思考并分析 DNA 复制的方式。

（1）用示意图表示 DNA 复制可能的三种方式。（全保留复制、半保留复制、弥散式复制）

（2）作出假设。让学生谈谈三种复制方式有什么不同，并作简要的描述。

（3）分析推演。科学家已证实，DNA 是一种半保留式的复制。

引导学生探究：

问题 1：如果是半保留复制，亲代的 DNA 分子复制后得到的第一代 DNA 和第二代 DNA 的组成是怎样的？用图解表示出来。（学生活动）

问题 2：如何识别 DNA 中哪一条链是母链，哪一条是子链？（启发学生采用同位素标记的方法）

问题 3：用哪种同位素对 DNA 的母链和子链进行标记？为什么？

问题 4：如果原 DNA 是 ^{15}N 的，原料是 ^{14}N 的，那么请推演复制后的第一代 DNA 与第二代 DNA 中 N 的情况如何？（引导学生用图解进行分析）

最后，教师可对学生的推理活动作一个简单的总结。如作出假设——DNA 半保留复制，推理——设想实验的方案和预测可能出现的结果，验证推理——阅读教材中的经典实验。整个过程其实就是一种演绎推理的思维方法。

设计意图：引导学生用“假说—演绎法”（提出问题→形成假说→推理→验证推理→得出结论）探究 DNA 的复制方式。

（四）探究 DNA 复制的过程

教师演示 DNA 复制的动画，让学生观察生命体内的复制过程是如何进行的，并在此基础上让学生思考以下问题：① DNA 复制在什么时期进行？② DNA 复制的场所在哪里？③ DNA 复制的特点是什么？④如何保证复制的精确性？⑤复制过程中一定不会出现差错吗？⑥ DNA 复制的意义是什么？通过一系列问题对 DNA 的复制进行总结，使学生掌握相关知识。

设计意图：学习了 DNA 复制的条件和方式后，DNA 复制的过程就显得不难理解了，因此可让学生自主观察、思考以及总结。这个环节实际上也是对本节课内容加工和完善的过程。

（五）课外研究性学习

利用 DNA 复制的原理，使 DNA 在体外完成复制，这就是聚合酶链式反应（简称 PCR）。让学生查阅相关资料介绍 PCR 技术及其应用。

设计意图：通过让学生课外进行自主探究学习，培养学生搜集信息和处理信息的能力，让他们体会到 DNA 复制原理在科学及社会实践中有着广泛的应用，这也是新课程所倡导的理念。

五、教学反思

传统的生物学教学往往只注重教师的讲解，忽略学生的参与，学生是被动地接受性学习。本节课的设计将科学的经典实验和学生的探究过程相结合，让学生沿着科学的逻辑思维路线发现问题、大胆假设、实验探究、得出结论，体现了学生的主体地位。这既培养了学生发现问题、分析问题、解决问题的能力，又激发了学生学习的兴趣。本设计将探索知识、科学研究方法和培养探究能力有机地融为一体，通过师生互动和生生互动，达到教学目标，体现了新课程所倡导的教育理念。而教师在教学过程中进行探究材料的筛选和问题设置，并给学生提供解决问题的思路，发挥了其引导者的作用。此外，本节课的设计是以生活中的热点材料引入，通过学习相关原理，并布置"课外研究性学习"让学生了解了生物学的新技术、新进展，充分体现了 STS 教育思想。

（福建省福州市高级中学　高勍）

专家点评

相比其他生物学内容，"DNA 的复制"这部分内容对学生来讲是非常复杂和抽象的，是高中生物学学习的难点部分。传统的生物学教学往往注重教师的讲解，以期通过讲解促进学生的理解，达到短时高效的目的，但这一过程往往受教师讲解水平的限制，学生的理解比较肤浅。

该教学案例采用科学探究学习方式，从三个方面改变了以往的教学方法，取得了良好的教学效果。

1. 教师先引导学生讨论并分析康贝格的实验，使学生了解DNA复制的一般条件。再对实验进行比较分析，使学生认识到，在科学实验中，比较分析的教学方法是科学结论获得的重要基础。

2. 教师要求学生以图解分析的方式参与学习过程。例如，如果是半保留复制，亲代的DNA分子复制后得到的第一代DNA和第二代DNA的组成是怎样的？用图解方式表示出来。与单纯听课相比，这一过程中学生的思维活动处于更为积极的状态。

3. 教师通过演示DNA复制的动画，让学生观察生命体内的复制过程是如何进行的，并在此基础上让学生思考DNA复制在什么时期进行、DNA复制的场所在哪里、DNA复制的特点是什么、如何保证复制的精确、复制过程中一定不会出现差错吗、复制的意义是什么等问题，使学生将探索知识、掌握科学学习方法和提高思维能力有机地融为一体，对学生学习水平的提高有很好地促进作用。

上述案例较好地完成了三维教学目标，特别是在“体验科学家认识DNA复制的思维过程，探讨DNA复制的生物学意义，形成良好的科学思维和科学态度”等目标的实现中，效果明显优于传统教学中以知识讲授为主的课堂教学效果。

“DNA是主要的遗传物质”教学案例及点评

教学案例

案例适用年级及版本：高中二年级　人教版

教学课时：2课时

一、教学目标

1. 知识与技能

（1）总结科学家对“DNA 是主要的遗传物质”的科学探索过程。

（2）设计“证明转化因子是什么”和“RNA 是遗传物质”的实验方案。

2. 过程与方法

（1）就科学家证明“DNA 是主要的遗传物质”的实验设计思路进行分析和讨论，领悟科学研究的过程和方法。

（2）在尝试自主设计实验的过程中，提高创新意识和设计实验的能力。

3. 情感态度与价值观

通过对遗传物质 RNA 的学习，认同人类对遗传物质的认识是一个不断深化和完善的过程。

二、教学重点、难点

1. 教学重点

（1）肺炎双球菌转化实验的原理和过程。

（2）噬菌体侵染细菌实验的原理和过程。

2. 教学难点

探究肺炎双球菌转化实验。

三、教学资源

学案、多媒体课件。

四、教材分析

“DNA 是主要的遗传物质”是人教版高中生物必修二第三章第一节的内容。本节内容在前面学习的染色体、减数分裂和受精作用等遗传学知识的基础上，主要讲述了科学家证明 DNA 是主要的遗传物质的两个经典实验。教材中蕴含着丰富的生物科学史材料，阐述了科学家的研究思路、研究方法和研究过程，体现了丰富的科学精神，是进行课堂探究学习的好素材。

五、教学过程

（一）创设情境，激发兴趣

展示成龙和房祖名、老布什和小布什两对父子的照片，请学生思考：父亲的性状是如何传递给儿子的?

设计意图：通过创设与学生现实生活紧密联系的教学情境，充分激发学生的学习兴趣和积极性，使之产生探究的欲望。

（二）回顾旧知，启动探究

请学生回顾之前所学知识，回答以下问题：①孟德尔提出生物性状的遗传是由什么传递的？②在研究生物减数分裂和受精作用过程中，科学家认识到对生物遗传具有关键作用的物质是什么？③摩尔根证明了基因位于什么物质上？④染色体的主要组成成分是什么?

设计意图：让学生在问题情境中回顾人类早期对遗传物质的探索历程，同时产生疑问：基因在染色体的蛋白质上还是DNA上？这两种物质究竟哪一种是遗传物质？让学生带着问题走进课堂。

（三）引导探究，构建新知

1. 肺炎双球菌的转化实验

通过多媒体演示格里菲思的肺炎双球菌体内转化实验，引导学生分析实验现象，并提出疑问:为什么将无毒性的R型活细菌与被加热杀死的S型细菌混合后，会产生导致小鼠死亡的有毒性S型活细菌？让学生进行思维探究，提出可能的原因，如①有毒性S型活细菌未被全部加热杀死；②无毒性的R型活细菌基因突变后转化为有毒性的S型活细菌；③加热杀死的有毒性的S型细菌复活；④加热杀死的S型细菌中具有某种使无毒性的R型活细菌转化为有毒性的S型活细菌的物质。引导学生通过设计实验对上述推测进行验证，在排除前三种推测后得出结论：加热杀死的S型细菌中存在将无毒性的R型活细菌转化为有毒性的S型活细菌的转化因子。

要弄清什么是转化因子，最关键的设计思路是什么？请学生分组进行合作探究，并设计一个实验方案。师生共同探讨、交流后总结出实验方案：将加热杀死的S型细菌中的DNA、蛋白质和多糖等物质提取出来，分别加入到培养了无毒性的R型活细菌的培养基中，单独、直接地观察它们的作用，能使无毒性的R型活细菌转化成有毒性的S型活细菌的物质就是转化因子。

由于技术水平的限制，物质的提纯是十分复杂和困难的。请学生继续思考，是否有办法可以不用对各成分进行提纯，也能单独观察它们的作用？引导学生运用逆向思维进行探究，并提出设计思路：分别去除被加热杀死的S型细菌中的DNA、蛋白质和多糖后，加入到培养了无毒性的R型活细菌的培养基中，不能产生有毒性的S型活细菌的一组其提取的物质即为转化因子。

用多媒体演示艾弗里的肺炎双球菌体外转化实验，请学生思考以下问题：①从该实验可以得出什么结论？②为什么要设置一组同时加入加热杀死的S型细菌的DNA和DNA酶的实验？此外，艾弗里提取出的DNA，纯度最高时也还有0.02%的蛋白质。因此，仍有科学家对实验结论表示怀疑，他们怀疑什么？

设计意图：通过不断设置问题情境，让学生追随科学家探索的脚步，逐步深入地开展思维探究学习，在学习科学家严谨的科学态度和缜密的思维的同时，训练学生的科学思维方式。

2. 噬菌体侵染细菌的实验

实验材料的选择是科学研究成败的关键，结合T_2噬菌体的模式图，引导学生讨论选择T_2噬菌体作为实验材料的优点，并思考以下问题：①回顾所学知识，可以用什么方法将T_2噬菌体的DNA和蛋白质区分开来？②应该分别标记DNA和蛋白质的哪个元素？③如何用同位素分别标记噬菌体的DNA和蛋白质？

播放T_2噬菌体侵染大肠杆菌实验的Flash动画，请学生认真观察，并引导学生提出实验过程及结果中存在的疑惑。比如，实验中为什么要搅拌和离心？用^{35}S标记的噬菌体侵染细菌的实验中，为何沉淀物也有少量放射性？能否说明蛋白质也作为遗传物质进入了大肠杆菌内？教师引导学生对问题进行自主探究，并得出结论：DNA是遗传物质。

设计意图：通过引导学生主动发现问题和解决问题，发挥了学生的主观能动性，实现了师生和生生间的多边互动，最终完成对教材知识的构建。

（四）深入探究，反馈运用

展示烟草花叶病毒的图片，介绍相关的背景知识，并点出烟草花叶病毒的组成成分是蛋白质和RNA，让学生大胆猜想其遗传物质是什么？引导学生结合所学知识，尝试设计实验证明自己的猜想。师生共同讨论和分析后得出：烟草花叶病毒的遗传物质是RNA，由此证明DNA并不是唯一的遗传物质。使学生感悟到科学研究是一个不断深化、完善的过程。

设计意图：通过自主设计实验，使学生初步领悟科学研究的过程和方法，培养学生的创新意识以及设计实验的能力。

六、教学反思

1. 必要的知识铺垫是进行探究学习的基础

由于知识积累的不足，学生经常会对科学史中涉及的材料、技术手段等感到陌生、难以理解，导致其无法顺利进行探究学习。教师可以利用课本插图、挂图以及多媒体课件等为学生提供必要的知识铺垫。如本案例中，在学习噬菌体侵染细菌的实验前，我先用多媒体展示 T_2 噬菌体的模式图，并引导学生讨论选择 T_2 噬菌体作为实验材料的优点，从而为后面的探究学习奠定了基础。

2. 创设问题情境，激发学生探究欲望

“问”是所有科学探究的源头，有效地创设问题情境，可以充分激发学生的探究欲望、发挥学生的主观能动性和创造力，让学生主动地获取知识。在本案例中，我先对科学史资料进行了充分的挖掘，然后有针对性地设置问题情境，让学生通过思考、讨论、交流、设计实验方案等进行探究学习，培养了他们的创新精神以及分析问题、解决问题的能力。

3. 引导学生发现和提出问题，形成自主探究的意识

除了为学生创设问题情境外，教师还可以引导学生从科学史中发现问题、提出问题，使学生变被动学习为主动学习，促进学生形成自主探究的意识。如本案例中，我先请学生观察 T_2 噬菌体侵染大肠杆菌实验的 Flash 动画，然后在宽松、自由的学习氛围中，引导学生大胆提出疑问、发表见解。

4. 有效地运用合作探究学习

合作探究是新课改倡导的重要学习形式，也是进行科学探究活动的基本组织方式。组织学生开展合作探究学习，不但可以发挥学生的主体作用，激发学生的学习积极性和创造性，还可以培养学生的团队合作精神。在合作探究的过程中，教师应当鼓励所有学生参与进来，并适时对学生的探究活动进行指导。对于学习有困难的学生，应给予他们更多的关照和鼓励。

5. 探究学习不是科学史教学的唯一方式

本案例基于“证明 DNA 是主要遗传物质的探索历程”这一科学史材料，多次运用探究学习的教学方式，取得了较好的效果。但这并不代表所有的生物科学

史都适合用探究学习的方式进行教学，应根据具体的教学目标和内容，有效地选择和运用探究学习方式，最终达到提高学生生物科学素养和培养创新人才的目的。

（福建省福州市高级中学　黄巍）

专家点评

本节课重点介绍的两个实验，在中学的实验条件下是无法完成的，因此在传统教学中，教师基本都采用单纯的讲授法进行，课堂气氛沉闷、教学效率低下，更谈不上培养学生的创新意识和探究能力。本节课，黄巍老师通过创设有效的问题情境，让学生在探究问题、解决问题的过程中主动构建知识，进而提高了学生解决问题的能力。在这节课中，学生不再是被动地接受知识，而是在老师的带领下真正走进了科学家的探究历程，在思考和讨论中快乐地学习，体现了学生的主体地位。此外，通过师生和生生间的互动，让课堂充满了活力，培养了学生的创新意识和创新思维能力。

“光合作用的探究历程”教学案例及点评

教学案例

案例适用年级及版本：高中一年级　人教版

教学课时：1 课时

一、教学目标

1. 知识与技能

（1）了解科学家对光合作用的认识和探索过程。

（2）评价光合作用探究历程中的相关实验，设计探究光合作用的相关实验方案。

2. 过程与方法

（1）运用光合作用探究历程中的相关实验进行分析、讨论和评价，发展学生的语言表达能力、发散思维能力和质疑能力。

（2）尝试进行光合作用的相关实验设计，提高学生实验设计能力、动手操作能力和创新能力。

3. 情感态度与价值观

（1）养成严谨的科学态度和不断探索的科学精神。

（2）认同人类对光合作用的认识是一个不断深化和完善的过程。

二、教学重点、难点

1. 教学重点

光合作用的发现及研究历史。

2. 教学难点

（1）光合作用发现的相关实验的评价。

（2）实验的设计和操作。

三、教学资源

学案、多媒体课件。

四、教材分析

“光合作用的探究历程”是人教版高中生物必修一第五章第四节中的内容。按照课标要求，教材以光合作用研究历史中的重要事件为线索，遵循科学家的探究思路，总结出光合作用的探究历程。对学生来说，等于在学习过程中沿着科学家的发现思路作了一次思维的探究，可以从中学习解决生物学问题的方法，培养创新意识和创新思维。

五、教学过程

（一）创设情境，引入课题

多媒体课件展示玉米的白化苗和正常苗，设置问题：这两株植物都能正常生长吗？为什么？（学生能围绕前面学习的有关色素的知识进行回答）在学生回答的基础上，进一步设置问题：什么是光合作用？人类是如何发现光合作用这一微观现象的？

设计意图：通过创设教学情境、设置问题，来调动学生学习的积极性和主动性，激发学生探究欲望，确保学生积极参与课堂活动。

（二）组织和引导学生探究

借助多媒体课件逐一演示或介绍光合作用探究过程中几个著名的实验，引导学生按照学案纲要的前三项作出归纳总结（如下表），教师根据学生的回答作出进一步点评和完善。

光合作用探究历程中的经典实验探究

时间、学者	提出的问题	实验验证方案	得出结论	我们的疑问
17 世纪 海尔蒙特	植物生长需要的养料究竟来自哪里	柳树种植实验	植物是从水中得到养料的	
1771 年 普利斯特利		用玻璃钟罩分别罩住燃烧的蜡烛、小白鼠、植物和燃烧的蜡烛、植物和小白鼠，观察蜡烛燃烧情况和小白鼠存活情况	植物能更新空气	
1779 年 英格豪斯			植物体只有在阳光照射下才能净化空气	
1782 年 谢尼伯			植物在光照下释放氧气的同时，还要吸收空气中的二氧化碳	
1804 年 索热尔		对光合作用首次进行定量测定	光合作用过程中，植物的增重量＞CO_2 吸收量－O_2 的释放量，绿色植物在光照下同时还要消耗水	
1864 年 萨克斯	绿叶在光合作用中还产生什么物质	将绿叶片放在暗处几个小时，然后将此叶片一半遮光，一半曝光；经过一段时间后，用碘蒸气处理叶片	绿叶在光合作用中产生淀粉	

（续表）

时间、学者	提出的问题	实验验证方案	得出结论	我们的疑问
1880 年 恩格尔曼	氧气是在哪里产生的	将载有水绵和好氧性细菌的临时装片放入无空气的黑暗环境中，并用极细光束照射，再用显微镜观察	氧气是由叶绿体释放出来的，叶绿体是光合作用的场所	
1939 年 鲁宾、卡门	氧气来自什么物质	用 ^{18}O 分别标记水和二氧化碳，分析两组实验释放的氧气	光合作用释放的氧气来自水	
20 世纪 40 年代 卡尔文	有机物如何合成	用 ^{14}C 标记 $^{14}CO_2$，供小球藻进行光合作用，然后追踪检测其放射性	二氧化碳中的碳在光合作用中转化成有机物中的碳	

设计意图：通过让学生自主学习光合作用的探究历程，能帮助其领悟科学家是如何发现问题、提出问题、设计实验方案并加以研究、最终得出结论的；促进学生严谨的科学态度和严缜科学思维的形成，有效发展了学生的探究思维和能力。同时，也提高了学生语言表达能力和知识建构能力。

从学案中收集到的有价值的问题以及教师设置问题如下：（组织学生交流探讨）

①海尔蒙特实验设计的巧妙之处有哪些？从现在来看，该实验的局限性有哪些？

②什么情况下植物能使空气变污浊？为什么？

③萨克斯在实验中为什么要把绿色叶片放在暗处几个小时？碘液检测时遮光处一定不显蓝色吗？如何操作能让萨克斯的实验更完善？设置对照有何巧妙之处？

④恩格尔曼实验为什么选择水绵作为实验材料？为什么将临时装片放在没有空气的黑暗环境中？为什么用极细的光束照射？好氧性的细菌怎么集中到有光照的部位？

⑤鲁宾和卡门的实验为什么能用同位素标记法测定？该实验中没有对照组，怎么能说明问题？

⑥谈谈你在学习这部分内容时的感悟？

设计意图：一方面发展学生提出问题、分析问题和解决问题的能力；另一方面通过对科学家研究实验的评价，发展学生的发散思维能力和质疑能力，使之认同科学发展的长期性和曲折性。

要求学生结合科学家研究的思路和方法，设计实验：①证明绿色植物在光合作用下吸收二氧化碳释放氧气；②探究光照强度对光合作用的影响。（教师对学生的实验设计方案进行点评后，学生动手操作）

设计意图：通过让学生自己设计实验、动手操作，发展了他们的创新意识和能力，提高了动手操作能力。

（三）课堂教学总结

1. 光合作用概念

光合作用是指绿色植物通过叶绿体，利用光能，把二氧化碳和水转化成储存能量的有机物，并且释放出氧气的过程。其反应式可以表示为：

$CO_2+H_2O \rightarrow (CH_2O)+O_2$

分析反应中各元素的来源去路。（通过学生主动参与建构概念的整个过程，加深他们对概念的理解）

2. 生物学实验的一般原则

a. 科学性原则（排除干扰因素、正确选材等）

b. 可重复性原则（操作规范等）

c. 对照性原则（设置对照组）

d. 单一变量原则（培养学生提炼和归纳能力）

3. 作业布置

附：教学评价

课堂量化评分（等级分）

评价项目	评价内容	等级分				自评	小组评	教师评
		优秀	良好	一般	较差			
知识	通过光合作用发现过程的讲解，能说出光合作用的场所、原料及条件							
	提问环节能自主思考，说出光合作用中释放的氧气全部来自于水							

（续表）

评价项目	评价内容	等级分				自评	小组评	教师评
		优秀	良好	一般	较差			
技能	通过教师引导能指出前人实验的不足之处							
	掌握同位素标记法来验证光合作用产生的氧气是来自水还是二氧化碳							
	能初步掌握实验设计的一般原则							
	熟练运用知识							
情感态度	在讨论中能积极发表自己的意见							
	能吸取其他同学回答中的优点，找出同学回答中出现的问题							
	小组协作交流配合默契，彼此合作愉快，互帮互助							
写出你在本节课学习中遇到的困难，向老师提出比较合理的教学建议								
对自己的评价								
来自同学的评价								
老师的评价								

六、教学反思

本节课通过重温光合作用经典科学探究历程让学生把握科学研究的本质，体验科学研究的过程，感受科学研究的奥秘。在教学过程中，较好地落实了以下几点：

1. 充分发挥了学生的主体性

在本案例中，发挥学生的主体性主要表现在以下几个方面：（1）通过设计自主学习的学案引导学生主动学习和构建科学史知识；（2）引导学生自主对科学史进行分析，使学生身临其境地感受科学探究过程、认识生物世界的无穷奥秘，激发其探究的意识和兴趣；（3）通过让学生自我设计实验并借助引导对实验结果的差异进行分析，帮助他们在理解生物知识的同时，培养创造性思维、养成反思的习惯。

2. 发展了学生发现问题和解决问题的能力

在本案例中，学生通过对经典科学史的阅读，了解了科学家是如何发现问题、分析问题、解决问题的，使学生在科学家的研究过程中寻找问题、领悟科学家实验设计的巧妙之处和不足之处，为学生后面自我设计实验和改进实验提供了借鉴。

3. 发展了学生合作学习的能力

合作学习是新课改倡导的重要学习方式。本案例从分析科学史和设计实验方案两部分内容组织学生开展合作学习，给不同层次的学生布置不同的任务，不仅发挥了不同层次学生的主体作用，而且培养了学生取长补短的团队合作精神。

当然，在教学过程中也存在一些问题：（1）教学容量偏大，不能很好地照顾到学困生，给予他们必要的指导；（2）没有足够的时间对学生的实验设计和结果作出评价。

（福建省福州市高级中学　赵丰）

专家点评

该教学通过对光合作用发现历程中几个经典实验的探究来学习光合作用概念的形成过程；通过对光合作用中各元素的分析，感受科学家严谨的科学态度和不断探索的科学精神，从而完成本节课的教学目标。

本节课的主要特点是在学习过程中，让学生沿着科学家的发现思路作了一次思维的探究，从中学习了解决生物学问题的方法，其做法是组织学生从分析科学史和设计实验方案两部分内容开展合作学习，给不同层次的学生布置不同的任务，不仅发挥了不同层次学生的主体作用，还培养了学生取长补短的团队合作精神，从而达到培养学生创新意识和创新思维的目的。这种探究学习使学生在获得科学知识，形成科学概念的同时，感悟到科学家进行生物科学研究过程的艰辛。

本节课还需要教师对教学内容作进一步梳理和研究，精炼教学内容，不仅要给学生思维探究以足够的空间和时间，还要给学生实验设计、交流、评价等足够的空间和时间。

“基因在染色体上”教学案例及点评

教学案例

案例适用年级及版本：高中二年级　人教版

教学课时：1课时

一、教学目标

1. 知识与技能

（1）说出基因位于染色体上的理论假说。

（2）运用“假说—演绎法”证明基因位于染色体上。

（3）尝试运用类比推理的方法，解释基因位于染色体上。

2. 过程与方法

（1）通过学习萨顿的假说，培养学生的逻辑推理能力。

（2）通过分析基因位于染色体上的实验证据，培养学生实验分析能力。

3. 情感态度与价值观

（1）通过学习，深刻领悟“假说—演绎”的科学研究方法。

（2）培养实事求是的科学态度和探究精神。

（3）认同科学研究需要丰富的想象力、大胆的质疑。

二、教学重点、难点

1. 教学重点

（1）基因位于染色体上的理论假说和实验证据。

（2）领悟“假说—演绎”的科学研究方法。

2. 教学难点

（1）尝试运用类比推理的方法，解释基因位于染色体上。

（2）领悟“假说—演绎”的科学研究方法。

三、教学资源

学案、多媒体课件。

四、教材分析

“基因在染色体上”是人教版生物必修二第二章的第二节内容。依据课程标准，本模块的教材设计是沿着遗传学的发现史，在了解孟德尔豌豆杂交实验的遗传因子的行为以及减数分裂中染色体的行为的基础上，分析基因位于染色体上的实验证据，体会“类比推理”“假说—演绎”的科学研究方法。这部分内容包括萨顿的假说、基因位于染色体上的实验证据及孟德尔遗传规律的现代解释三部分。

五、教学过程

（一）案例分析：孟德尔的豌豆杂交实验

分析在孟德尔的豌豆杂交实验中哪些环节属于假说、哪些环节属于演绎。

1. 提出问题：子二代为什么会出现性状分离？如何解释 3 ∶ 1 的分离比？
2. 介绍孟德尔的假说。
3. 如何设计实验证明假说的正确性？
4. 领悟“假说—演绎”的科学研究方法。

设计意图：通过引导学生分析孟德尔的豌豆杂交实验，深刻领悟“假说—演绎”的科学研究方法。

（二）体验类比推理，介绍萨顿及其假说

让学生根据“豌豆杂交实验中的基因行为”示意图与“减数分裂中的染色体行为”示意图比较两者的关系，得出萨顿的“基因在染色体上”的假说。

减数分裂中的染色体行为　　豌豆杂交实验中的基因行为

设计意图：利用直观、形象的示意图帮助学生比较基因与染色体的关系，导入环节自然流畅。

（三）体验“假说—演绎法”

摩尔根的果蝇眼色遗传实验

P　红眼（雌性）× 白眼（雄性）

↓

F_1　红眼（雌、雄）

↓　F_1 雌、雄相互交配

F_2　红眼（雌、雄）白眼（雄性）

3　：　1

果蝇杂交实验图解

（师引导学生用分析孟德尔实验的方法分析摩尔根的实验）

问题：

用孟德尔的方法分析摩尔根的实验，哪些现象不能得到合理的解释？

你的假设：

____

你的演绎过程：

____

如何验证你的猜想？请写出你的设计方案。

____

设计意图：教师利用摩尔根的果蝇眼色遗传实验，引导学生进行积极的思考和讨论，营造一个能激发学生思维的良好氛围。鼓励学生以小组为单位，完成讨论和设计，通过图解加以说明，目的是想培养学生实验设计的能力。

（四）摩尔根的果蝇眼色遗传实验分析

1. 介绍雌雄果蝇体细胞的染色体组成

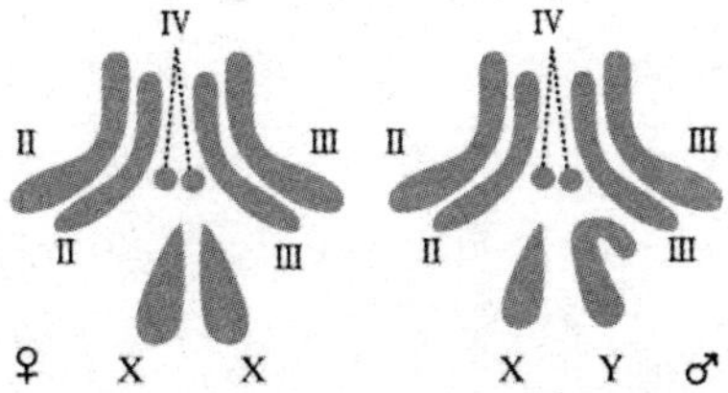

雌雄果蝇体细胞的染色体图解

2．作出假设

（1）如果按照萨顿的假说：基因在染色体上，那么，控制白眼的基因是在常染色体上还是在性染色体上呢？

（2）如果在性染色体上，又存在哪些可能呢？

假设一：控制白眼的基因在Y染色体上，而X染色体上没有它的等位基因。

假设二：控制白眼的基因在X、Y染色体上。

假设三：控制白眼的基因在X染色体上，而Y染色体上不含有它的等位基因。

经过推理、想象提出假说：控制白眼的基因在X染色体上，而Y染色体上不含有它的等位基因。

（3）基于假说三的演绎过程：（过程略）

（4）针对假说的验证过程：（过程略）

摩尔根等人亲自做了该实验，实验结果如下：

红眼雌蝇：红眼雄蝇：白眼雌蝇：白眼雄蝇

126 ： 132 ： 120 ： 115

摩尔根的果蝇杂交实验，为证实萨顿“基因位于染色体上”的假说提供了有力的实验证据。

设计意图：自主学习与讨论相结合，引导学生通过写图解、分析图解等对实验进行分析。

（五）拓展训练

实验一：根据假设，子二代的雌蝇虽然全是红眼，但其基因型有两种，若子二代的红眼雌蝇与白眼雄蝇做单对交配，请演绎其后代的可能情形。

实验二：根据假设，请演绎白眼雌蝇与红眼雄蝇交配，其后代的可能情形。

实验三：根据假设，请演绎白眼雌蝇与白眼雄蝇交配，其后代的可能情形。

上述三个实验中，以第二个实验最为关键，实验的结果跟预期的完全吻合，“特定的基因与一个特定的染色体联系起来”的假设得到证实。

设计意图：拓展训练的目的是让学生学以致用，充分体验摩尔根的果蝇杂交实验，体味科学研究的严谨与艰辛。

六、教学反思

我们力求通过本案例的研究，让学生在历史的层面上有所侧重地从科学探究过程的提出问题、作出假设等方面获得探究的方法和情感的体验。

科学知识的获得过程需要多个证据的相互佐证，由于教材在介绍科学史时已经做了一定的选择与加工，所以教师展示给学生的应该是有主线贯穿的历史资料。“假说—演绎法”是该模块方法论的重要组成部分，在模拟科学家的演绎推导过程中，我通过问题设置对当时的研究背景进行了补充，使本节课的探究式学习有了较为完整的证据支持。需要特别指出的是，提出假说前的演绎推理与提出假说后的演绎推理不要混淆。

（福建省福州市高级中学　林松）

专家点评

该教学案例采取“问题引导探究”的教学策略，结合了演示法、讨论法、问题探究法等多种教学方法，着重通过“假说—演绎法”引导学生分析摩尔根的果蝇眼色遗传实验，并引导学生进行积极的思考和讨论，从而体现科学探究学习对学生的教育作用。

在教学中，教师通过设计你的假设、你的演绎过程、如何验证你的猜想、请写出你的设计方案等问题，引导学生以小组为单位，完成讨论和设计，并通过图解加以说明，进而达到培养学生实验设计能力的教学目的。教师还注意引导学生通过写图解、分析图解等形式对摩尔根的果蝇眼色遗传实验进行分析，并通过拓展训练让学生学以致用，充分体验摩尔根的果蝇杂交实验，从中体味科学研究的严谨与艰辛。此外，在模拟科学家的演绎推导过程中，教师通过问题设置对当时的研究背景进行了补充，使本节课的探究式学习有了较为完整的证据支持。这一教学过程的设计实施正是教师精心开展教学研究，不断改变学生课堂学习方式的积极表现。

“植物生长素的发现”教学案例及点评

教学案例

案例适用年级及版本：高中二年级　人教版

教学课时：1课时

一、教学目标

1. 知识与技能

（1）概述生长素的发现过程。

（2）了解生长素的产生、运输和分布。

2. 过程与方法

能进行实验设计和实验结论的评价。

3. 情感态度与价值观

通过学习，体会科学家对真理不懈追求的科学精神，使学生初步形成探究精神和辩证唯物主义世界观。

二、教学重点、难点

1. 教学重点

生长素的发现过程。

2. 教学难点

（1）生长素的产生、运输和分布。

（2）科学实验设计的严谨性分析。

三、教学资源

提前十天播种玉米粒，萌发后将玉米粒随机分成如下四组实验：

实验一：以完整幼苗和去除尖端的幼苗进行比较；实验二：用锡箔罩子将幼苗尖端罩住和用锡箔将幼苗基部包住进行比较；实验三：用明胶和云母分别插

在幼苗靠近尖端的部位进行比较；实验四：将幼苗尖端切下，放在琼脂块上，再将此琼脂块和未作以上处理的琼脂块分别放在去顶的幼苗一侧进行比较。

利用玉米幼苗在实验室进行各种对比实验，把实验结果拍照，上课时供学生学习讨论。

四、教学过程

（一）实验导课

先一起浏览一个学校生物兴趣小组的实验。（多媒体图片展示）同学们可以发现这两个盒子的不同，接下来在这两个盒子中各放一盆生长中的植物幼苗，一段时间后观察各自的结果。

根据观察结果提出问题：

（1）是哪种环境因素刺激了植物生长方向的改变？

（2）在自然环境中是否存在这样的现象？

（3）植物的向光性对植物有什么影响？

（4）植物为什么会有向光性呢？

（以上问题学生回答）

师：从植物的向光性中我们发现了一些问题，有些同学也提出了相应的结论。在1860年，达尔文父子也和同学们一样，发现了相同的问题，接下来我们就踏着前人的足迹，来看看科学家们是如何解决问题、得出结论的。

（二）学习过程

实验一：达尔文实验

1. 发现问题：植物为什么会向光生长？

2. 作出假设：向光性的产生和幼苗尖端有关。

达尔文父子在发现问题后对植物幼苗进行了深入的观察，观察后他们作出了这样的假设：向光性的产生和幼苗尖端有关。

3. 实验设计：

师：生物学是一门实验科学，在作出假设后，需要设计科学的、严谨的实验加以验证。针对这一实验假设，达尔文父子是如何设计实验的呢？

（学生设计、交流，教师根据学生设计的步骤规范语言描述）

（1）取若干幼苗随机分成两组。

（2）甲组幼苗尖端完整，乙组幼苗切除尖端。

（3）其他条件相同且适宜，并都给予单侧光照射。

（4）一段时间后观察实验结果。

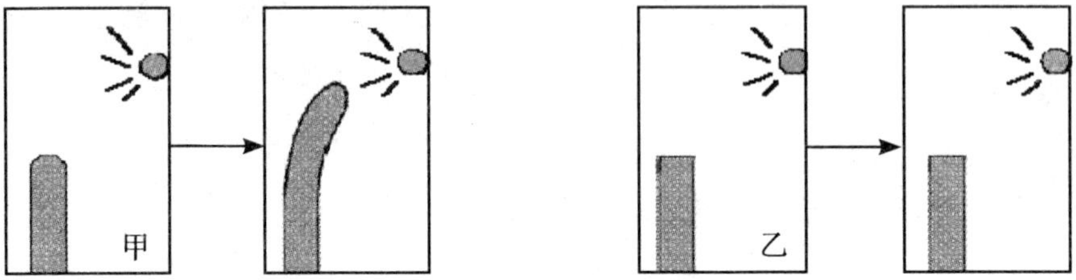

甲乙两组中各自可能存在什么样的结果？其实验结论是什么？（以上两个问题学生回答，教师归纳总结实验结果和实验结论）

4. 实验结果：甲组幼苗向光弯曲生长；乙组幼苗即不生长也不弯曲。

5. 实验结论：向光性的产生和幼苗尖端有关。

教师强调语言中的重点内容，得出实验设计中的对照性原则和单因子变量原则，并引导学生发现新问题：感受单侧光刺激的是幼苗尖端还是幼苗尖端以下部分呢？

实验二：达尔文实验

1. 发现问题：感受单侧光刺激的是幼苗尖端还是幼苗尖端以下部分呢？

2. 作出假设：感受光刺激的部位在幼苗尖端。

现在请同学们设计实验来验证我们的假设是否正确？（分成四人小组讨论后给出答案，设计前教师提示：实验材料锡箔的特点和规范的实验语言；设计后教师归纳总结实验二，规范语言描述）

3. 实验设计：

（1）取若干的幼苗随机分成两组。

（2）甲组幼苗尖端套上锡箔，乙组幼苗尖端稍下套上锡箔。

（3）其他条件相同且适宜，并都给予单侧光照射。

（4）一段时间后观察实验结果。

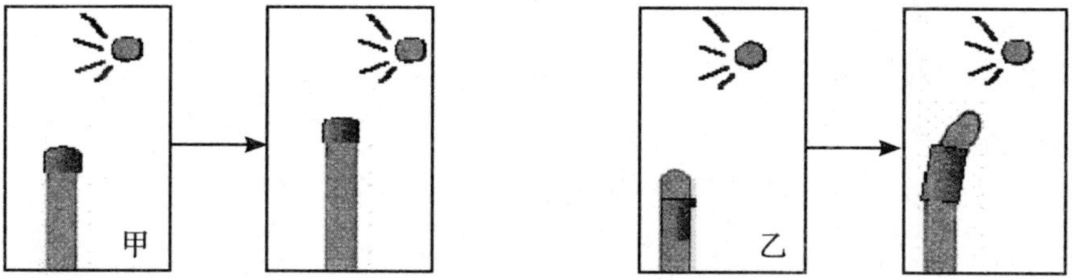

4. 实验结果：甲组幼苗直立生长；乙组幼苗向光弯曲生长。

5. 实验结论：感受光刺激的部位在幼苗尖端。

师：达尔文父子在观察植物幼苗的过程中发现，幼苗发生生长弯曲的部位是尖端以下部分，感光部位在尖端，两者之间是否存在某种联系？

实验三：詹森实验

1. 发现问题：某种物质由幼苗尖端传递到了尖端以下部分，并发挥了什么作用呢？

2. 作出假设:幼苗的尖端可能产生某种物质，这种物质从苗尖传递到了下面。

3. 实验设计：

（学生给出答案，设计前提示：实验材料明胶和云母的特点；设计后教师归纳总结实验三，规范语言描述）

（1）取若干幼苗随机分成两组。

（2）甲组在靠近幼苗尖端部位插入明胶片，乙组在靠近幼苗尖端部位插入云母片。

（3）其他条件相同且适宜，并都给予单侧光照射。

（4）一段时间后观察实验结果。

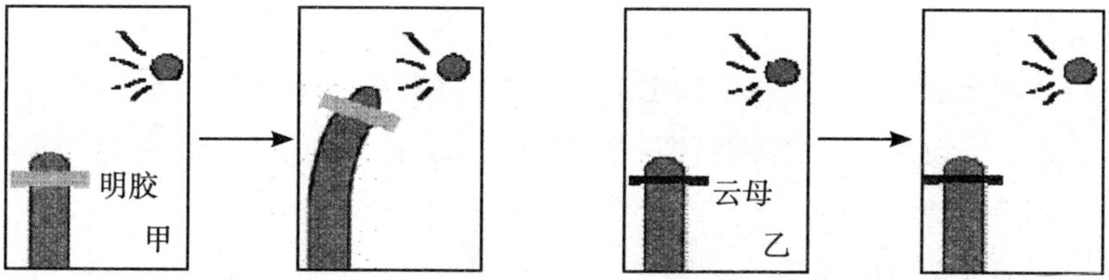

4. 实验结果：甲组幼苗向光弯曲生长；乙组幼苗不生长也不弯曲。

5. 实验结论：幼苗尖端确实产生某种促进植物生长的物质并向下运输。（以上结果和结论由学生回答）

师：幼苗尖端产生的刺激在向下运输的过程中，如何引起向光性？

实验四：拜耳实验

1. 发现问题：尖端产生的物质是如何影响胚芽鞘弯曲生长的？

2. 作出假设：胚芽鞘两侧的影响物分布不均匀引起的。

3. 实验设计：

（1）胚芽鞘尖端切下。

（2）甲组胚芽鞘尖端偏左侧放置，乙组胚芽鞘尖端偏右侧放置。

（3）一段时间后观察实验结果。

（学生思考后回答以上实验设计可能出现的实验结果，教师引导全体学生讨论得出所有可能的实验结果）

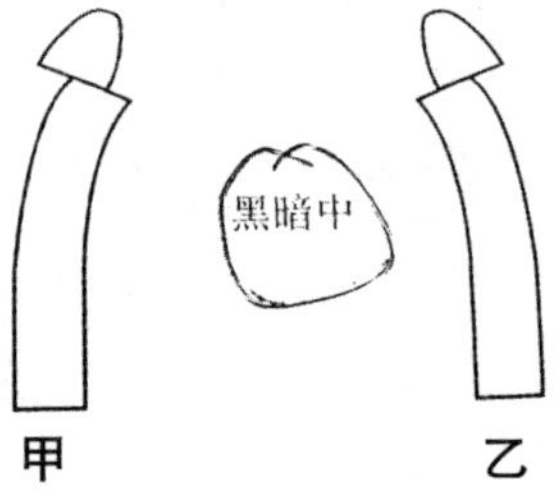

4. 实验结果：两组均弯向放置胚芽鞘的另一侧。

5. 实验结论：胚芽鞘的弯曲生长，是因为尖端产生的刺激在下部分布不均造成的。

师：在 1926 年荷兰植物学家温特对詹森实验和拜耳实验作出了改进，我们来看一下温特是如何设计他的实验的？

实验五：温特实验

1. 发现问题：某种物质由幼苗尖端传递到了尖端以下部分，并发挥了作用。

2. 作出假设：幼苗的尖端可能产生某种物质，这种物质从苗尖传递到了下面。

3. 实验设计：

（1）胚芽鞘尖端切下。

（2）尖端放置于琼脂块上。

（3）将经过处理的琼脂块放置在切除尖端的胚芽鞘的左侧。

（4）一段时间后观察实验结果。

（学生思考后回答以上实验设计可能出现的实验结果，教师引导全体学生讨论得出所有可能的实验结果）

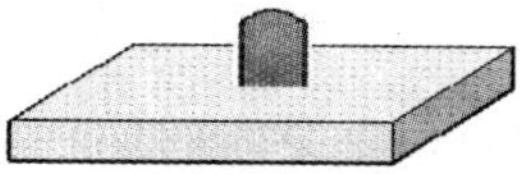
琼脂

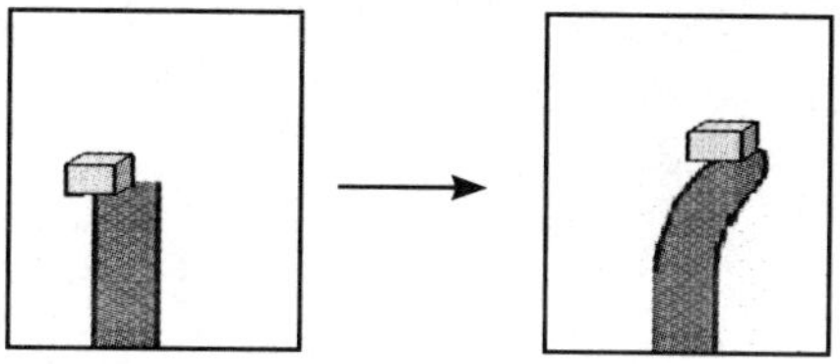

4. 实验结果：幼苗向右弯曲生长。

5. 实验结论：幼苗尖端确实产生一种能够促进自身生长的化学物质。

针对以上实验结果及结论师生共同讨论以下问题：

讨论 1：（1）实验结果是否一定是由生长素引起的？（2）如何补充实验解决以上问题？（3）这样的补充符合实验设计的哪些原则？（强化得出实验二中的对照性原则和单因子变量原则，以上三个问题由学生回答）

讨论 2：实验四中，甲乙两组实验结果是相同的，引起这样的实验结果的外界因素却是不一样的，下面我们通过两组实验分析得出植物向光性生长的机理。

	生长素浓度	**生长速度**		**生长素浓度**	**生长速度**
左侧			左侧		
右侧			右侧		

以上表格内容由学生回答，教师归纳总结得出：

向光性的机理：幼苗尖端以下部分背光侧生长素浓度高于向光侧的生长素浓度，所以背光侧的生长速度要快与向光侧的生长速度，导致植物出现向光性生长现象。

讨论 3：为什么背光侧生长素浓度高于向光侧？

提示：（1）感光部位在尖端；（2）尖端产生某种物质并向下传递；（3）生长和弯曲的部位是尖端以下部分。

学生讨论后回答，还可以设计实验来证明自己的回答。

教师归纳总结：背光侧生长素浓度高于向光侧浓度是向光侧的生长素向背光侧运输所致。

20世纪30年代，科学家首次分离出具有生长素效应的物质，并命名为生长素。生长素究竟是什么物质呢？

1934年，荷兰科学家郭葛等人首先从人尿中分离出了这种物质，经过鉴定，知道它叫吲哚乙酸（IAA）。

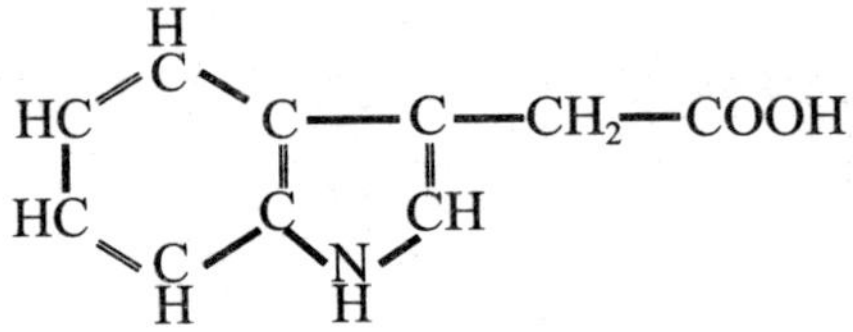

吲哚乙酸化学结构

直到1942年，人们才从高等植物中分离出了生长素，并确认它就是吲哚乙酸（IAA）。除吲哚乙酸（IAA）外还有苯乙酸（PAA）、吲哚丁酸（IBA）等。

（三）课堂小结

1. 实验小结：

科学家	实验假设	实验设计	实验结论
达尔文	向光性的产生和幼苗尖端有关	甲组幼苗尖端完整；乙组幼苗切除尖端	向光性的产生和幼苗尖端有关
达尔文	感受光刺激的部位在尖端	甲组幼苗尖端遮光；乙组幼苗尖端以下遮光	感受光刺激的部位在尖端
詹森	幼苗尖端可能产生某种物质，这种物质从苗尖传递到了下面	甲组靠近幼苗尖端部位插入明胶；乙组靠近幼苗尖端部位插入云母	幼苗尖端确实产生某种促进植物生长的物质并向下运输
拜耳	胚芽鞘的弯曲生长由两侧影响物分布不均匀引起的	甲组胚芽鞘尖端偏左侧放置；乙组胚芽鞘尖端偏右侧放置	胚芽鞘的弯曲生长，是因为尖端产生的刺激在下部分布不均造成的
温特	幼苗的尖端可能产生某种物质，这种物质从苗尖传递到了下面	甲组放有经过燕麦尖处理的琼脂；乙组放未经过燕麦尖处理的琼脂	幼苗尖端确实产生某种促进植物生长的物质并向下运输

科学真理诞生的模式：发现问题—作出假设—实验验证—结果结论。

2. 生长素知识点小结：（给学生一定时间，由学生自己构建概念图）

（四）课堂练习（略）

五、教学反思

本节课所涉及的实验，在现有的实验室条件下是不可能完成的，因此在传统的教学中，都是老师滔滔不绝地讲，学生默默地听，课堂气氛沉闷，教学效率低下，更谈不上培养学生的自主学习能力和探究能力。为避免这种现象发生，本教学设计采用了引导探究式的教学方法，通过创设自主合作的学习情境、平等融洽的人际环境，激发学生的学习积极性。由此以来，教师由单纯的信息表达者转变成了信息的加工者、组织者，处于主导地位；学生不再是被动地接受知识，而是走进科学家的探究历程，在观察和思考中，愉快地学习，处于主体地位。教学过程中，师生互动、生生互动，使课堂充满了活力，新课改理念得到了落实。

本教学设计依据课程标准，充分挖掘教学内容中的科学探究内涵，让学生充分感受、理解知识的产生和发展过程，掌握科学探究的基本方法。达尔文、詹森、拜尔和温特的实验，既包含了科学家持之以恒的宝贵品质，又反映了科学家在研究过程中的创造性思维过程（将胚芽鞘进行各种处理），培养了学生的探究精神和创造性思维品质。

（陕西省户县第一中学　王领会）

专家点评

1.从学生学习目标分析

本节课自始至终都以学生参与教学探究过程为主线，充分调动了学生自主学习的积极性，使学生通过问题探究自主发现和获取知识，利用已有的知识去解决新问题，并且沿着科学家探索生物世界的道路，理解科学的本质和科学研究方法，学习科学家的科学精神，较好地培养了学生的科学素养。学生不仅能学会，而且能进一步达到“会学”，使获取知识与发展智力紧密结合，较好地避免了知识传授与能力培养脱节的问题。

2.从教师教学目标分析

本节课最大限度地调动了学生的探究兴趣和热情。在教学设计中，把课本内容转化为适合在课堂上探究的小课题，创设了一种探究氛围，让学生参与探究过程，使之成为了教学过程的主体。这不仅限于掌握某个或某几个探究模式和步骤，而是更新教育观念，掌握大量与教材有关的探究素材，从一个新的高度把握整个教学过程，让学生尽情地享受科学探究的乐趣、体验探究成功的喜悦。近年来，学生的学习方式引起教育界和全社会的广泛关注，新课程改革不再仅仅关注学习的结果，更强调学习的过程和体验，强调教学过程中学生情感、态度、价值观等指标，强调学生科学素养的培养。生物科学史就是一部科学探究的历史，它不仅记载着生命科学知识的形成过程，还蕴含着科学家创造性思维的方式和灵活多样的科学方法，体现着科学态度和科学精神，是培养学生科学素养的生动教材。

生物科学史的教学不是简单地让学生记住这段历史和结论，而是要将探究性学习的教学方法整合其中，创设情境让学生重走科学家探究之路，体验科学家发现问题、解决问题、深化认识的过程和探索精神。

3. 教学信息反馈

调查显示绝大多数学生对这种生物教学很感兴趣，并且认为采用这种教学模式可以提高学习兴趣和学习效率，从而喜欢并接受这种教学方式。通过对不同教学方式所取得的成绩进行比较，该方式能使学生的成绩或多或少有一定程度的提高，可见采用这种教学模式可以提高学生的学习成绩，前景是比较好的。

总之，新课程标准实施以后，教师的教学方式及学生的学习方式将发生较大转变，探究这一教学方式将成为新时期教学的主题。教师只有让学生全身心、全过程、全方位地参与探究活动，才能实现提高每个学生的科学素养的目标。同时，探究性学习是一种多侧面、多形式的活动，教师在组织学生进行探究学习时要通过多种形式调动学生的学习热情，激发引导学生运用已知信息，重新组合已有的知识经验，创造性地解决问题。让学生通过自己的努力去解决一个个问题，翻越一个个知识高峰，达到真正理解和掌握知识的目的，使教学质量得以有效提高。

“生物膜的流动镶嵌模型”教学案例及点评

教学案例

案例适用年级及版本：高中一年级　人教版

教学课时：1 课时

一、教学目标

1. 简述生物膜的结构。

2. 感悟在建立生物膜模型的过程中，实验技术的进步所起的作用。

3. 探讨建立生物膜模型的过程如何体现结构与功能相适应的观点。

二、教学重点、难点

1. 教学重点

流动镶嵌模型的基本内容。

2. 教学难点

探讨建立生物膜模型的过程如何体现结构与功能相适应的观点。

三、教学资源

多媒体课件、教具、实验室。

四、教学过程

（一）情境导入

师：如果在制作真核细胞三维结构模型时，提供给你们制作细胞膜的三种材料：塑料袋、普通布和弹力布。你们认为选择哪种材料最好？为什么？

（学生讨论回答）

师：显然，弹力布不具有生物膜的选择透过功能，那么生物膜含有哪些物质，究竟具有怎样的结构？科学家带着这些问题，对生物膜进行了 100 多年的探索。今天就让我们沿着科学家的足迹，来体验整个探索历程。

多媒体展示学习目标：(1) 学会如何分析实验，体验科学分析与推理；(2) 学习如何客观评价科学学说，体验科学研究与科学发现的特征。

(二) 引入新课

屏幕出示资料 1：1895 年，欧文顿用 500 多种化学物质对植物细胞的通透性进行了上万次实验，发现细胞膜对不同物质的通透性不一样：凡是可以溶于脂质的物质，比不能溶于脂质的物质更容易通过细胞膜进入细胞。

提出问题：

1. 根据所学的相关知识，你能得出什么结论？

2. 这个结论的依据是对现象的推理分析还是对膜成分的提取和鉴定？

3. 得到结论之后还有必要对膜的成分进行提取、分离和鉴定吗？

4. 为什么一开始不对生物膜直接进行提取、分离和鉴定呢？

(学习小组进行交流、讨论，小组代表回答，其他小组进行补充、评价与修正，教师最后总结)

这些物质是如何组成膜的？

屏幕出示资料 2：1917 年欧文·朗缪尔将提取的膜质铺展在水盘的水面上，发现脂质在水面上形成一薄层，单脂层亲水的"头"朝向水面，疏水的"尾"背离水面。于是他提出：磷脂分子是一种由甘油、脂肪酸和磷酸所组成的分子，结构既有疏水基团("尾"部)，又有亲水基团("头"部)。因为磷脂分子的"头"部亲水，所以在空气—水界面上磷脂分子是"头"部向下与水面接触，"尾"部则朝向空气一面。这样磷脂分子可以在空气和水的界面上展开为一层。

两位学生在黑板上画，其余学生在纸上画出两种情况下磷脂的分布情况。

①在空气—水界面上；②完全浸没在水中。

屏幕出示资料 3：1925 年荷兰两位科学家戈特和格伦德用丙酮从人的红细胞中提取脂质，在空气—水界面上铺展成单分子层，测得单分子层的面积恰为红细胞表面积的 2 倍。

假如你是当时的科学家，在做实验时发现单分子的磷脂分子正好是红细胞的 2 倍时，大胆地展开想象，你能提出什么假说？

(学生讨论)

师：这两层磷脂分子在细胞膜中是怎样排列的呢？有多少种可能的排列方式？请在纸上画出你认为所有可能的排列方式。（请三位学生在黑板上画，其余学生在纸上画）

师：同学们，根据你们已有的知识推理，磷脂分子层最可能是其中的哪种排列方式呢？说说你的理由。

（学生讨论，小组代表回答，其余学生补充、评价、修正）

教师总结并对学生的探究结果给予肯定。

师：知道了磷脂分子的排列方法，那蛋白质和磷脂的位置关系又是怎样的呢？

屏幕出示资料 4：1959 年，罗伯特森在电镜下看到了细胞膜清晰的“暗—亮—暗”的三层结构，便结合其他科学家的工作，大胆地提出生物膜的模型：所有的生物膜都是由“蛋白质—脂质—蛋白质”三层结构构成的静态统一结构，即单位膜模型。电镜下看到的中间的亮层是脂质分子，两边的暗层是蛋白质分子。

师：单位膜模型继承了前人的有关结论，并成功地利用了先进的电子显微镜观察结果作证据。根据以前所学知识，你能找出单位膜模型还有什么不足之处吗？说一说你的理由。

（学生评价单位膜模型）

多媒体展示变形虫的运动和细胞融合实验，并告诉学生两个物种的细胞可以在促融剂的作用下融合为一个，这就充分说明了细胞膜不是静止的。

20 世纪 60 年代以后，人们对这一模型的异议增加了。不少科学家对生物膜是静态的观点提出质疑：如果是这样，细胞膜的复杂功能将难以实现，就连细胞的生长、变形虫的变形运动等现象都无法解释了。

随着新的技术手段不断运用于生物膜的研究，科学家发现膜蛋白并不是全部平铺在脂质表面，有的蛋白质是镶嵌在脂质双分子层中的。

屏幕出示资料 5：1970 年，科学家将人和鼠的细胞膜用红色和绿色两种不同荧光抗体标记后，让两种细胞融合，融合细胞的一半发红色荧光、另一半发绿色荧光，在 37℃下放置一段时间后发现两种荧光均匀分布。

该实验结果说明了什么问题？

（学生思考回答）

细胞膜不是静止的，而是具有一定的流动性，并且流动性的强弱和温度有关。

在继承前人结论的基础上，结合新的观察和实验证据，又有科学家提出了一些关于生物膜的分子结构模型。其中 1972 年桑格和尼克森提出的流动镶嵌模型为大多数人所接受。

那么，流动镶嵌模型的具体内容是如何的呢?

（学生讨论总结）

师生共同总结：

①组成成分：磷脂、蛋白质、糖类。

②基本支架：磷脂双分子层。

③蛋白质分布：结合在表面、以不同方式镶嵌。

④结构特点：具有一定的流动性。

⑤功能特点：选择透过性。

纵观建立生物膜模型的探索过程，以小组为单位讨论以下问题：

（1）生物膜的流动镶嵌模型是不是完美无缺?

（2）纵观整个探索过程，实验技术的进步对其起到怎样的作用?

（3）通过分析生物膜模型的建立过程，你受到什么启示?

（学生讨论，小组代表回答，其余学生补充、评价、修正）

人类对自然界的认识永无止境，随着实验技术的不断创新和改进，人类对膜的认识将更加细致入微，流动镶嵌模型将不断得到完善和发展。

（三）本课小结

总结我们今天的学习，你有哪些收获?

（学生畅谈收获，自我评价）

（四）练习

课本 69 页练习。

（五）布置作业

1. 绘制生物膜的概念图。

2. 结合今天所讲的生物膜的流动镶嵌模型，利用生活中的废弃物做一个细胞膜的流动镶嵌模型。

五、教学反思

本节课采用了设问引入→问题探讨→体验“生物膜结构的探索历程”→阐

述“流动镶嵌模型的基本内容”的教学流程，让学生在学习过程中自主合作、自主探究，在生物课堂的大舞台上尽情展示自己，真正体现了学生的主体地位和教师的引导作用。

在本节课的教学过程中，我围绕学习目标，以学生的全面发展为本，创设了形式多样的教学情境，设疑引导学生以探索者、研究者的身份重新体验生物膜结构的构建历程，使其独立思考，全身心投入整个教学过程。此外，在教学过程中配以多媒体辅助教学，在体验生物膜的探索历程上给学生以动态的感觉，把传统的枯燥的生物发展史教学演绎成如身临其境般的体验式学习，不但使本节课的两大知识板块得以顺利讲授，而且大大激发了学生的学习兴趣，使学生在收获新知识的同时体验到学习的快乐。

本节课的教学效果让我体会到，教师在教学中要引导得当，在创设教学情境、设置问题环节时，必须考虑到学生的个性、认知能力等因素，激发学生处于“愤”“悱”之境，更容易提高他们主动探究的热情。要做到这一点，教师课前需要收集大量资料。

教学永远是一门遗憾的“艺术”，课前预想的很多好想法、好创意，常因上课时千变万化的情境无法“恰到好处”地实施，上完课之后遗憾油然而生。通过本节课的教学，我体会到今后备课时，一定要更加精细，使课堂少一些“遗憾”，多一些“惬意”。

（陕西省户县第一中学　刘颖飞）

专家点评

1. 为学生创造探究活动的机会，激发学习兴趣

本节课在教学设计上主要突出对科学史的教学。科学史的教学是新教材中特别强调和突出的，在旧教材中涉及不多。本节课教学中，教师有效地引导学生分析不同时期不同科学家的实验及假说，评价他们的贡献，并通过一连串环环相扣的问题引导学生思考，让学生从中总结出科学发现的一般规律，顺理成章地突

破了教学重点和难点，基本完成了教学目标。总而言之，本节课充分调动了学生已固有的知识和经验，极大地激发了学生的探究欲望。

2. 保护学生的自尊心，培养学生的创新意识

教师能根据学生当前的认知结构和认知水平设置探究历程的梯度，并适时、恰当地给学生的创新提供帮助，让学生明白科学探索是一个在继承中不断验证、修正和完善发展的过程，其道路是曲折的，以此让学生更尊重科学，学会用发展的观点看待科学、树立辩证的科学观。本节课教学通过对科学探索史的学习，让学生自我启示，加深了他们对科学过程和科学方法的理解，使其能享受成功的喜悦，激发并维持他们的创造热情。

3. 以活动促发展，促进学生知识建构

本节课教学中既有资料探究、小组讨论，又有学生画图等学习活动，使学生多种感观协调合作建构知识。多样的学习方式，落实了新课程标准倡导自主、探究、合作学习的要求，有效地实现了三维目标，使学生学得既灵活又实在。

第二节　培养学生问题分析能力的教学案例及点评

“现代生物进化理论的主要内容”教学案例及点评

教学案例

案例适用年级及版本：高中二年级　人教版

教学课时：1 课时

一、教学目标

1. 知识与技能

（1）能解释种群、基因库、基因频率的概念。

（2）能阐明以自然选择学说为核心的现代生物进化理论的主要内容。

2. 过程与方法

（1）尝试运用数学方法讨论种群基因频率的改变。

（2）发展处理资料和数据的能力。

3. 情感态度与价值观

（1）通过分析调查所得的数据，形成以事实为依据得出结论的科学态度。

（2）认同“生物是进化来的”“生物的进化与环境密切相关”的思想观念，树立辩证唯物主义的认识观。

二、教学重点、难点

1. 教学重点

（1）种群、基因库、基因频率的概念。

（2）突变和基因重组、自然选择在生物进化中的作用。

（3）基因频率的计算。

2. 教学难点

（1）基因频率的概念。

（2）自然选择对种群基因频率的影响。

三、教学资源

学案、多媒体课件和视频资料。

四、教学过程

（一）课前准备

1. 学生利用网络和图书馆收集进化论的相关资料。

2. 汇总并整理学生收集来的资料，从资料中得到本节课引入的灵感。

3. 将有价值的资料做成幻灯片，并请资料收集者做好汇报的准备。

（二）创设情境，引入课题

1. 播放视频资料“非洲草原上狮子和鬣狗抢夺食物”，请收集该视频资料的学生讲述他收集该资料的意图，并结合达尔文观点作出解释。

设计意图：在资料汇总的时候，我发现大多数学生呈现的都是文本或图片形式的资料，但这位同学别出心裁地挑选了一段《动物世界》的视频。我觉得视频资料更加直观也更能调动学生的学习热情，并能以此复习上节课的知识点，起到承上启下的作用，所以选用这位同学的视频资料作为课堂引入，希望能呈现出资料的多元化，吸引大部分学生的注意力。

2. 呈现文本和图片资料“达尔文的进化论和孟德尔的豌豆杂交实验”，请收集该资料的学生讲述他收集该资料的意图。

设计意图：在上节课我曾经介绍过达尔文书写进化论过程中的一个小插曲：孟德尔曾经写信给达尔文阐述他关于遗传因子的观点，但是达尔文并没有采用，这可能是达尔文不能很好地解释进化中遗传和变异现象的一个原因。这个故事深深触动了学生，他们听后都为两位科学家感到惋惜，很多学生课后收集的资料都是关于这个故事的。因此，我选取了大多数学生关注的问题，希望能借此引入现代进化论对自然选择学说的改进——在基因水平上解释生物进化的机制。

（三）组织和引导学生探究

1. 探讨种群在生物进化中的作用

首先以“白色树干上，一群浅色桦尺蠖（aa）群体中偶然出现的一个黑色（Aa）变异个体”为背景材料，启发学生思考并提出问题，如该变异个体能生存下来吗？

设计意图：桦尺蠖是贯穿本节课的背景资料，通过该情境，一方面向学生介绍了桦尺蠖的外观形态和生活习性，另一方面通过探讨得出“种群是生物进化的基本单位”这一观点。

创设情境 1：假如从桦尺蠖种群中随机抽出 100 个个体，测知基因型为 AA、Aa 和 aa 的个体分别是 1、7 和 92 个，要求计算 A 和 a 的基因频率。

设计意图：在情境 1 中尝试运用数学方法讨论种群基因频率的改变，并完成对基因频率概念和计算方法的掌握。

2. 探讨突变和基因重组在生物进化中的作用

创设情境 2：假如在 99 只浅色桦尺蠖（aa）中偶然出现了 1 只黑色（Aa）的变异个体，要求计算突变前后 A 和 a 的基因频率。

	突变前	突变后
A 基因频率		
a 基因频率		

设计意图：通过情境 2 的讨论，使学生得出变异会影响种群的基因频率的结论。

创设情境 3：每个果蝇约有 10^4 对等位基因，假设每个基因的突变率都是 10^{-5}，一个中等大小的果蝇种群约有 10^8 个个体，计算每一代出现的基因突变数。

设计意图：情境 3 是个简单的数学问题，通过计算不难得出基因突变虽然是低频的，但是可以通过种群累计产生进化的原材料。

引导学生讨论：基因重组在种群繁衍中有什么作用（产生多种基因型，为进化提供大量原材料）？引导学生得出突变和基因重组为生物进化提供原材料的结论。

3. 探讨自然选择在生物进化中的作用

创设情境 4：桦尺蠖体色受一对等位基因控制，黑色（A）对浅色（a）为显性。早期的时候，树干上长满了白色的地衣，浅色个体不易被天敌发现，能更好地存活下来。但工业革命后，曼彻斯特地区的污染加重，地衣大量死亡，树干暴露出来被熏成黑褐色，此时黑色体色更有利于生存。（出示工业革命前后桦尺蠖的照片）

引导学生思考：（1）桦尺蠖生活的环境发生了什么变化？（2）树干颜色在这个过程中起到了什么作用？

设计意图：通过情境 4 的探讨使学生认识到变异的有利和有害不是绝对的，其取决于生物生活的环境，因此自然选择才是进化中的决定力。

出示调查数据：（如下表）

桦尺蠖的基因频率调查

		1850 年	1902 年	1950 年	1983 年	2005 年
基因型频率	AA	1%	28%	91.2%	68%	1.4%
	Aa	7%	12%	8%	10.6%	10.8%
	aa	92%	60%	0.8%	21.4%	87.8%
基因频率	A					
	a					

引导学生思考：（1）基因频率如何改变？（2）基因频率改变的原因是什么？（3）自然选择在基因频率改变的过程中有什么作用？（4）有利基因的频率如何

变化？不利基因的频率如何变化？（5）基因频率改变对种群有什么意义？

设计意图：通过计算各年基因频率，分析各时段桦尺蠖种群的基因频率变化，最终得出结论：自然选择使种群基因频率发生定向改变，决定生物进化的方向，这一过程发展了学生处理资料和数据的能力。

4. 探讨自然界中的自然选择（备选）

组织学生再次观看视频“非洲草原上狮子和鬣狗抢夺食物”，并用现代进化理论的观点进行分析。

设计意图：希望学生能够用本节课的观点解释自然界的生存斗争现象，做到学以致用。

（四）结课与作业布置

1. 引导学生对比达尔文进化论与现代进化论，对生物进化本质作出解释：

自然选择→基因频率定向改变→进化

设计意图：通过小结让学生认同进化的实质就是种群基因频率的定向改变。

2. 提出预习问题“桦尺蠖中有形成的新物种吗？物种和种群有什么不同？新的桦尺蠖物种又是如何产生的呢？”

五、教学反思

1. 本堂课的教学设计以桦尺蠖为主线，以问题为纽带，通过四个情境激发互动，营造了浓烈的师生交流氛围，在重点、难点上采用“设疑导入—引导探究—得出结论”的情境探究教学模式，将一些本来不太容易理解的问题简单化。这样处理，比以往由教师简单讲述、灌输知识要强得多，使学生对知识的理解和掌握更深、更牢固。

2. 通过师生平等对话和交流，活跃了课堂气氛，使学生在讨论中碰撞出思维的火花。课堂上学生是以探索者、研究者的身份投入学习的，由情境得出结论，使学生不仅掌握了知识，而且进一步树立了生物进化的观点和辩证唯物主义的观点，加深了他们对科学本质的理解和感悟。整堂课取得了较好的效果，得到了学生的认可。

3. 这节课让我深深感到：要开展引导探究教学，进行课程改革，首先，要研读课标，吃透教材；其次，要从学生实际出发，创造性地处理教材，用教材教而非教教材；第三，要转变教学观念，真正实现学生的主体性，使他们能在教师的引导下，循序渐进地完成学习任务。

（福建省福州市高级中学 杨敏）

附：

“现代生物进化理论的主要内容”课堂学案

班级__________姓名__________座号__________

情境 1：假如从桦尺蠖种群中随机抽出 100 个个体，测知基因型为 AA、Aa 和 aa 的个体分别是 1、7 和 92 个。

计算 A 和 a 的基因频率，并写出计算过程。

____

____

情境 2：假如在 99 只浅色桦尺蠖（aa）中偶然出现了 1 只黑色（Aa）的变异个体。

计算突变前后 A 和 a 的基因频率。

	突变前	突变后
A 基因频率		
a 基因频率		

结论：____________________________________

情境 3：每个果蝇约有 10^4 对等位基因，假设每个基因的突变率都是 10^{-5}，一个中等大小的果蝇种群约有 10^8 个个体。

计算每一代出现的基因突变数。

____

____

结论：____________________________________

情境 4：桦尺蠖体色受一对等位基因控制，黑色（A）对浅色（a）为显性。早期的时候，树干上长满了白色的地衣，浅色个体不易被天敌发现，能更好地存活下来。但工业革命后，曼彻斯特地区的污染加重，地衣大量死亡，树干暴露出来被熏成黑褐色，此时黑色体色更有利于生存。

根据表中所给的数据，计算各年 A 和 a 的基因频率。

		1850 年	1902 年	1950 年	1983 年	2005 年
基因型频率	AA	1%	28%	91.2%	68%	1.4%
	Aa	7%	12%	8%	10.6%	10.8%
	aa	92%	60%	0.8%	21.4%	87.8%
基因频率	A					
	a					

结论：____

巩固练习：开始使用杀虫剂时，对某种害虫效果显著，但随着杀虫剂的继续使用，该种害虫表现出越来越多的抗药性。实验证明害虫种群中原来就存在具有抗药性的个体，已知害虫的抗药性受一对等位基因控制，不抗药（B）对抗药（b）为显性：

1. 根据达尔文自然选择学说，害虫种群中个体抗药性的差异体现了生物变异一般是__________的。杀虫剂的使用对害虫起了____________作用，而这种作用是__________的。

2. 请你根据下图提供的数据，用现代生物进化理论的观点辨析“害虫种群发生了进化”这一说法。

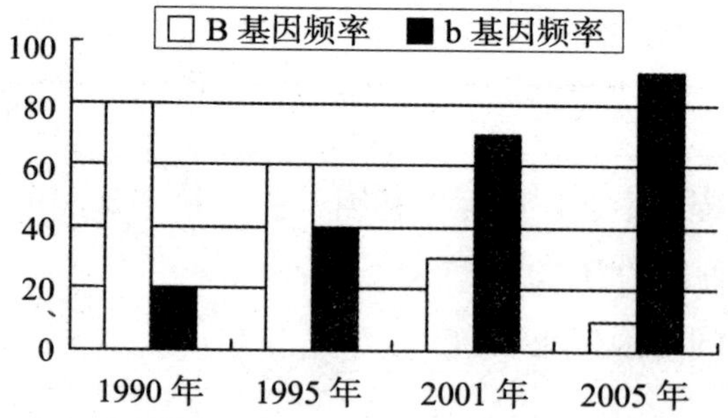

专家点评

生物进化理论的教学内容较为抽象，于是，教师在教学过程中采用探究式学习，引导学生采用数学方法对种群在生物进化中的作用进行探讨。例如，先从桦尺蠖种群中随机抽出100个个体，测知基因型为AA、Aa和aa的个体分别是1、7和92个，要求计算A和a的基因频率，学生运用数学方法探讨了种群基因频率的改变，对基因频率概念有了更为深刻的认识，并从中掌握了基因频率的计算方法。接着，教师创设了在99只浅色桦尺蠖（aa）中偶然出现了1只黑色（Aa）变异个体的情境，要求学生计算突变前后A和a的基因频率，学生通过计算分析发现，变异会影响种群的基因频率。在初步掌握数学分析方法的基础上，教师利用工业革命前后桦尺蠖的照片引导学生探讨自然选择在生物进化中的作用，最终使学生通过计算各年的基因频率，分析各时段桦尺蠖种群的基因频率变化，认识到自然选择使种群基因频率发生定向改变，决定了生物进化的方向。

利用数学方法探究生物进化理论是本教学案例一个较为突出的特点，对高中学生数学应用能力的提高和认识事物的思维方式的进一步拓展具有积极的意义。在这一过程中，教师对学生学习的引导作用主要体现在创设情境上，通过情境创设，激发学生对生命科学的兴趣。本案例另一个突出的特点，是在教学过程中利用了多种教学资源，特别是学生搜集到的视频资源，这不仅是对学生搜集信息能力的一种肯定和鼓励，还呈现出资料的多元化，大大活跃了课堂的学习气氛。

“DNA的复制”教学案例及点评

教学案例

案例适用年级及版本：高中二年级　人教版

教学课时：1课时

一、教学目标

1. 知识与技能

（1）说出 DNA 复制的概念。

（2）简述 DNA 复制的过程，并分析、归纳出 DNA 复制过程的特点。

2. 过程与方法

知道 DNA 复制在遗传上的意义，掌握“假说—演绎”的思维方法。

3. 情感态度与价值观

形成良好的科学思维和严谨的科学态度。

二、教学重点、难点

DNA 复制的过程。

三、教学资源

教具、多媒体课件。

四、教学过程

（一）复习旧知，引入新课

复习提问：作为生物主要的遗传物质 DNA，其化学组成的基本单位是什么？DNA 分子的空间结构是怎样的？主要特点是什么？ DNA 作为遗传物质必须要保持前后代的连续性，DNA 是如何保持前后代连续性的？（学生回答）

导入新知：你能从 DNA 分子的双螺旋结构出发，设想出 DNA 复制的方式可能有哪几种吗？

学生分组讨论，提出 DNA 复制的两种假设：全保留复制和半保留复制。

师：现在有两种假设，我们究竟应该相信哪一种呢？生物是一门实验性的学科，所有的结论都必须有实验证据。

（二）实验探索

请学生看课本 52 页关于 DNA 复制的实验，思考下面的问题：

1. 在这个实验中，科学家采用了什么实验技术？（同位素示踪技术）

2. 我们前面学过的哪些实验也应用了这种技术？

学生讨论总结：分泌蛋白质的合成和运输；光合作用中氧气的来源；噬菌体侵染细菌的实验。

3. 在验证半保留复制时，科学家为什么也选用了这种技术，它有什么优点？

学生讨论总结：通过采用同位素标记，可以将亲代和子代的 DNA 区分开。

师：科学家以大肠杆菌为实验材料，运用同位素示踪技术设计了一个巧妙的实验，证实 DNA 的复制方式。假如用 ^{15}N 标记母链，用 ^{14}N 标记子链，请同学们根据假设分组讨论复制一代和两代的结果是什么？

学生根据假设讨论演绎并画图表示两种复制的结果。

展示部分小组的讨论情况，小组间相互补充作出评价。（用图形表示结果）

出示资料：1958 年，梅塞尔森和斯塔尔用含有 ^{15}N 的培养基培养大肠杆菌，经过多次细胞分裂，细菌细胞的 DNA 充分地被 ^{15}N 标记，然后把这些细菌移入正常的含同位素 ^{14}N 的培养液中，在不同时刻（复制不同代数后）收集大肠杆菌并从中提取 DNA，再将提取的 DNA 进行离心，记录离心后试管中 DNA 的位置。

师：密度大的 DNA 在试管的上方还是下方，密度小的呢？中等的呢？（请同学们思考用密度梯度离心之后试管中的 DNA 条带所在的位置，并画出示意图）

（师巡视学生的活动，记录活动中出现的问题）

学生根据刚才演绎的结果，推导出可能的实验现象。

（展示科学家的实验结果，引导学生总结出科学发现的一般过程）

学生总结：发现问题—分析问题、提出假说—设计实验、验证假说—得出结论、总结规律。

（三）问题巩固

1. DNA 的复制发生在什么时间？（有丝分裂的间期和减数，第一次分裂的间期）

2. DNA 位于细胞的哪些结构中？（细胞核、线粒体、叶绿体）

3. DNA 的复制是在哪里进行的？（主要在细胞核，其次在线粒体、叶绿体）

4. DNA 分子复制的过程具体是怎样进行的？（展示 DNA 复制过程的动画）

学生总结 DNA 分子的复制过程：亲代 DNA 分子解旋—分别以亲代 DNA 分子的两条母链为模板合成子链——条模板链与一条子链螺旋起来形成新的 DNA 分子（解旋—合成子链—螺旋）。

5. DNA 复制需要什么条件？分组讨论相互评价完善。

学生总结：

模板：分别以两条母链作为模板。

原料：四种游离的脱氧核苷酸。

能量：由 ATP 提供。

酶：DNA 解旋酶、DNA 聚合酶等。

6. 新形成的两个 DNA 分子及原来 DNA 分子之间的关系是什么？DNA 分子相同吗？为什么？

学生总结：子代与亲代的关系，DNA 分子完全相同，因为子代 DNA 是亲代 DNA 复制来的。

7. DNA 分子复制的特点是什么？

学生讨论总结 DNA 分子复制的特点：边解旋边复制，半保留复制。

8. DNA 分子为什么能准确无误地进行复制？

学生讨论总结 DNA 分子独特的双螺旋结构，为复制提供了精确的模板，通过碱基互补配对，保证了 DNA 复制能够准确进行。

9. DNA 分子复制的意义是什么？

学生讨论总结 DNA 分子复制的意义：DNA 通过复制在生物的传种接代中传递遗传信息，从而保证物种的相对稳定性，使种族得以延续。即亲代将自己的 DNA 分子复制出一份，传给子代，这样就使物种代代延续，不致灭绝。

学生总结 DNA 复制的概念：是指以亲代 DNA 为模板合成子代 DNA 的过程。

利用多媒体课件引导学生概括小结。（如下表）

项　目		内　容
复制时间		有丝分裂的间期和减数第一次分裂的间期
复制场所		主要在细胞核，其次在线粒体、叶绿体
复制的条件	模板	分别以两条母链作为模板
	原料	四种游离的脱氧核苷酸
	能量	由 ATP 提供
	酶	DNA 解旋酶、DNA 聚合酶等
能准确复制的原因		DNA 分子独特的双螺旋结构，为复制提供了精确的模板，通过碱基互补配对，保证了 DNA 复制能够准确进行
复制特点		边解旋边复制，半保留复制
复制意义		DNA 通过复制在生物的传种接代中传递遗传信息，从而保证物种的相对稳定性，使种族得以延续

（四）练习

1. 下列关于 DNA 复制的说法，其中不正确的是（　　）。

A. DNA 复制过程中需要酶的催化

B. DNA 复制过程中需要的能量直接由糖类提供

C. DNA 分子是边解旋边复制的

D. DNA 复制过程中两条母链均可作模板

2. 一个噬菌体侵染细菌后，形成 200 个子代噬菌体，子代 DNA 中含最初 DNA 链的 DNA 占（　　）。

A. 1%　　B. 2%　　C. 25%　　D. 50%

3. 含有 ^{32}P 或 ^{31}P 的磷酸，两者化学性质几乎相同，都可参与 DNA 分子的组成，但 ^{32}P 比 ^{31}P 质量大。现将某哺乳动物的细胞放在含有 ^{31}P 磷酸的培养基中，连续培养数代后得到 G_0 代细胞。然后将 G_0 代细胞移至含有 ^{32}P 磷酸的培养基中培养，经过第 1、2 次细胞分裂后，分别得到 G_1、G_2 代细胞。再从 G_0、G_1、G_2 代细胞中提取出 DNA，经密度梯度离心后得到结果如下图。由于 DNA 分子质量不同，因此在离心管内的分布不同。若①、②、③分别表示轻、中、重三种 DNA 分子的位置，请回答下列问题：

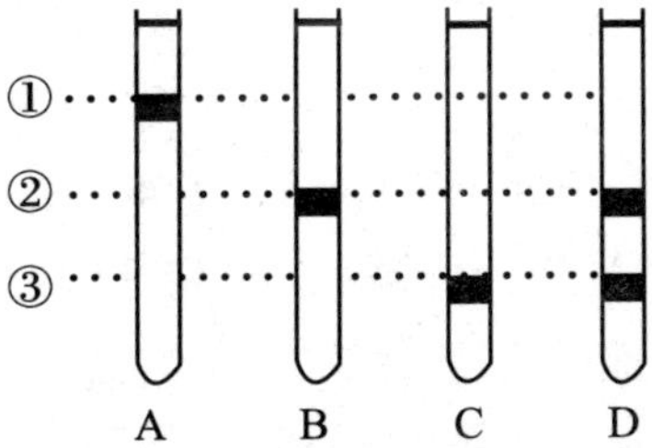

（1）G_0、G_1、G_2 三代 DNA 离心后的试管分别是图中的：____、____、____。

（2）G_2 代在①、②、③ 3 条带中 DNA 数的比例是________。

（3）图中①、②两条带中 DNA 分子所含的同位素磷分别是：条带①____，条带②____。

（4）上述实验结果证明了 DNA 的复制方式是________。

五、教学反思

新的课程理念要求学生转变学习方式——变被动接受式学习为主动探究式

学习，以培养学生的创新精神和实践能力，提高学生的科学素养。

本节课的教学设计将科学的经典实验和学生的探究过程相结合，让学生积极参与教学，从中发现问题、设计实验、推断结果、分析讨论科学现象和过程，不仅让学生学习了科学知识，更让学生学会了实验设计和“假说—演绎”的科学探究方法，将探索知识、科学研究方法和培养能力有机地融为一体。

通过前面的学习，学生对 DNA 分子的基本结构已经有了感性的认识，领会了 DNA 分子独特的双螺旋结构和碱基互补配对与复制密切相关。所以在这节课一开始我先和学生一起复习回顾 DNA 的基本结构和主要特点，明确不同 DNA 的区别在于碱基对的排列顺序不同，由此引出 DNA 复制的内容。

在教学过程中，我设置大量的问题情境激发学生的学习兴趣，努力创设情境，让学生主动参与探究活动，从而提高学生的参与意识和创新意识，培养学生自主学习、合作交流的能力。另外，形象、直观的多媒体教学手段，使学生更易于接受知识，既培养了学生的兴趣，又培养了他们观察问题、分析问题、解决问题的能力。但在教学中还存在以下几点不足：

1. 给予学生全身心投入学习、讨论和探究过程的时间不够，使学生没有足够的思维空间和时间。

2. 时间控制上存在问题，教学任务没能完整地落实。第一个教学内容——基于科学史的探究活动耗时过长，但自己对这个教学环节的设计还是比较满意的。

3. 整体设计尚可，但还存在一些问题。比如，检测题没有新意，结合这节课的内容可以适当找一些内容比较新颖、综合性比较强的题目，让学生在做题的同时，培养完整的思维习惯和知识迁移能力。

此外，还需要不断加强自己的业务能力，平时多钻研教材，努力在教学过程中落实对学生思维品质的培养。希望自己能越做越好！

（陕西省户县第一中学　王海英）

专家点评

在DNA复制方式的教学过程中，教师将科学方法（发现问题—作出假设—验证假设—得出结论）与课堂教学有机结合，为学生铺设了符合知识规律的思维轨道，使学生在学习知识的同时，体验了科学探究的一般过程。这部分内容是本节课的难点，因此，教师在教学过程中通过设计一些启发性的问题，引发学生的思考和探究。

对DNA复制过程这部分教学内容的处理，教师充分利用多媒体教学手段，将DNA复制过程直观、形象地展示给学生，既培养了学生的兴趣，又培养了学生观察问题、分析问题、解决问题的能力。另外，在学生自学DNA复制过程后，要求学生完成表格中对DNA复制的时间、场所、条件等的归纳，并针对这部分内容进行小组交流、讨论及展示，这些活动都力求做到“全面依靠学生”，充分发挥了学生的主观能动性。

DNA的复制过程是本节课的重点，在时间分配上，应将前一部分内容进行适当压缩，给这部分内容更充裕的时间。在进行DNA复制过程的教学时，教师可以引导学生对复制步骤进行更具体、更深入的描述。

传统的课堂教学往往重讲解、轻参与，重结论、轻过程，而上述课堂教学的设计则有张有弛，课堂气氛生动活泼，使学生积极参与了教学的全过程。教学中不仅简单再现了科学发现的过程，而且通过分析现象、讨论问题、得出结论使学生充分体验到成功的喜悦，调动了学生学习的主动性，体现了学生的主体作用。

“生长素的生理作用”教学案例及点评

教学案例

案例适用年级及版本：高中二年级　人教版

教学课时：1课时

一、教学目标

1. 知识与技能

（1）概述生长素的生理作用和顶端优势。

（2）说出生长素在农业生产中的应用。

（3）尝试探究生长素类似物促进插条生根的最适浓度。

2. 过程与方法

（1）通过观察、分析图表，总结生长素浓度与所起作用的关系。

（2）运用所学知识，分析生产、生活实际中出现的现象和问题。

（3）运用设计实验的相关原理和步骤，合作设计“探索生长素类似物促进插条生根的最适浓度”的探究实验。

3. 情感态度与价值观

（1）在学习生长素的生理作用中，树立理论联系实际、学以致用的思想。

（2）分析顶端优势的原理，树立联系的观点和量变引起质变的唯物辩证法的思想。

（3）在探究实验中，培养学生的实验设计能力及得出结论时逻辑上的严密性，培养团结协作精神。

二、教学重点、难点

1. 教学重点

（1）生长素的生理作用。

（2）生长素在农业生产中的应用。

（3）探究实验设计的一般方法。

2. 教学难点

（1）顶端优势产生的原因以及在生产中的实例。

（2）生长素在农业生产中的应用。

（3）尝试探究生长素类似物促进插条生根的最适浓度。

三、教学资源

1. 实物教具：扦插生根实验的实物、根的向地性和茎的背地性实物展示（黄豆）。

2. 课件：包括兴趣小组的实验照片、不同浓度生长素促进下的根芽茎生长情况模式图、顶端优势的实例照片等。

3. 学案。

4. 多媒体实验室。

四、教学分析

“生长素的生理作用”是人教版必修三第三章的第二节，是第一节“植物生长素的发现”的一个延伸和拓展，是阐述生长素生理作用及生产实践应用的关键一节，同时也为第三节的学习打下基础。

本节课通过对数据、曲线、图形等材料的分析，介绍生长素作用的两重性，引导学生对生产、生活中的现象及问题进行思考和分析，加深学生对生长素生理作用特点的了解，把理论与实际相结合，树立学以致用的思想。

同时，本节课的教学目标也在“探索生长素类似物促进插条生根的最适浓度”这一探究活动中得到体现。此项探究活动能够训练学生在实验设计及得出结论时逻辑上的严密性，是体验科学研究的一般过程。合理有序地组织好此探究活动，对进一步发展学生的科学探究能力以及将科学发现在生产实践中进行应用，有着重要意义。

五、教学过程

（一）通过实例，复习旧知

师：上节课我们学习了生长素的发现历程，由于生长素的作用，胚芽鞘在单侧光的照射下，会向光弯曲生长。为什么背光一侧的胚芽鞘生长较快？

引导学生回顾旧知：生长素在胚芽鞘背光一侧的分布较多，因此促进了该区域细胞的生长。

提问：生长素除对植物生长起到促进作用外，还有哪些作用？

（二）实验探究

探究实验一：探究生长素类似物浓度对插条生根的影响

师：春天是万物复苏的季节，也是扦插育苗的良好季节。花农们为了提高插条生根的几率和成活率，一般在扦插之前会将插条浸置在吲哚丙酸或 α－萘乙酸中一段时间，它们是生长素类似物，与生长素（IAA）有着相似的生理效应。

那么生长素类似物对插条的生根到底有着怎样的影响？是不是生长素类似物浓度越高，生根的效果就越好呢？

（引导学生联系生活实际产生疑问，提出问题：生长素类似物浓度和植物生根的关系如何）

强调：生物学结论的得出不能凭借主观臆断，要通过实验加以验证。

提问：（1）本实验的自变量、因变量和无关变量是什么？

（2）对比不同组的实验结果，得出什么结论？

（出示老师及部分学生课外实验“生长素类似物对插条生根的影响”的实物和图片，小组成员汇报实验结果）

引导学生通过描点作图，确定生长素类似物浓度与植物生根数量的关系，描述生长素类似物的作用特点，思考生长素浓度与植物器官生长的关系。

出示：同一植物的不同器官对生长素浓度反应的示意图。（0 线以上表现为促进生长，0 线以下表现为抑制生长）

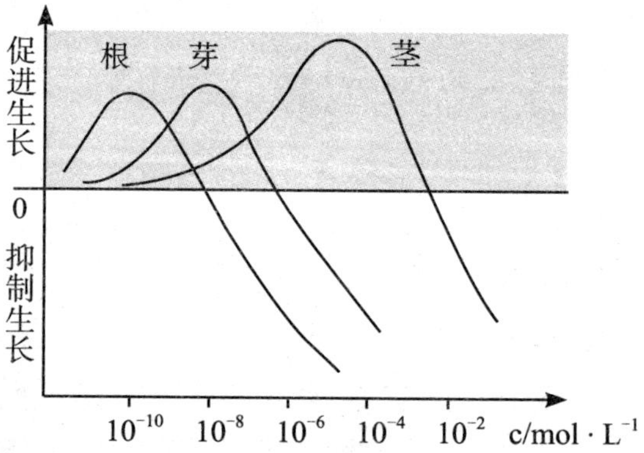

提问：（1）相同浓度的生长素对根、芽、茎的作用一样吗？

（2）10^{-6}mol/L 生长素的浓度对根、芽、茎这三个器官的作用分别是什么？

（3）根、芽、茎这三个器官的最适生长素浓度分别是多少？

引出生长素作用的两重性：既能促进生长，又能抑制生长；既能促进发芽，又能抑制发芽；既能防止落花落果，又能疏花疏果。

（学生分析图表，思考生长素对植物不同器官的作用）

师：在生活中，许多有趣的植物现象和生长素有着密不可分的关系。在不考虑光照的作用下，一盆平放的植株的根和茎的生长方向如何？

教师根据学生的回答提出问题：根和茎为什么会出现弯曲？是什么外界刺激引起的？为什么根和茎的弯曲方向不同？

（学生根据问题，联系生长素的两重性分析原因，最终讨论得出“根背地生长，茎向地生长”的原因）

展示塔形树冠和甘蔗图片，介绍顶端优势。

提问：大家看屏幕上的图会发现离顶芽越近的侧芽受抑制越明显，这到底是什么原因所致？请大家从生长素对植物生长的作用具有两重性来思考。

利用 Flash 动画分析顶端优势形成的原因。

（学生联系所学知识，分析顶芽和侧芽的生长素浓度，判断生长速度，了解顶端优势形成的原因）

提问：

（1）行道树每年定期修剪，有什么意义？对于行道树而言，长得高和长得粗，哪个更重要？

（2）在实际的农业生产中，什么情况下需要解除顶端优势，什么情况下需要保留顶端优势？

（引导学生联系实际，了解解除顶端优势的意义和应用）

探究实验二：探究生长素类似物促进插条生根的最适浓度

提问：大家如何设定实验，来测定某种生长素类似物促进插条生根的最适浓度是多少？

作出假设：某浓度范围是促进插条生根的最适浓度。

制订计划：浓度应如何选择？（根据探究实验一的结果，判断浓度范围、确定浓度梯度）

得出结论：某浓度最接近促进插条生根的最适浓度。

（学生进行实验后，部分同学分享自己的实验经验，领悟预实验的意义）

（三）生长素类似物在农业生产上的应用

生长素类似物在农业上可用于防止落花落果、促进结实、无籽果实培育、促进插条生根等。

出示番茄实物和有籽番茄与无籽番茄的纵剖面示意图（示意图，略），观察、比较、思考无籽番茄是如何形成的？

（师播放培育无籽番茄的视频，介绍果实成熟的原因）

（四）布置作业

植物体内还有没有其他激素呢？学生课后预习新课，了解其他植物激素的分布及功能。

作业：课本 P52 的作业。

六、教学反思

1. 本节课运用了多种媒体信息来调动学生的各种感官，增强了课堂直观性，突破了教学的重、难点，提高了课堂效率。例如，通过 Excel 表格即时处理数据信息，并将其转化为曲线图，分析不同植物插条生根和生长素类似物浓度的关系；通过 Flash，分析顶芽和侧芽生长素的运输和浓度大小，突破顶端优势这一教学难点。

2. 通过探究性学习，掌握科学研究的方法和技能，培养学生的科学态度和科学精神，形成科学观点和科学的思维方式。整堂课以问题激发师生、生生互动，以问题为出发点，引导学生通过不断思考、不断探索得出结论，有利于培养学生搜集和处理信息的能力、分析和解决问题的能力。

3. 探究实验需要足够的时间和空间，由于课堂时间的限制，学生常无法完成整个探究过程。此次教学以课前部分学生的探究实验做铺垫，将重点落在提高学生实验设计方法上，让更多学生在课堂上通过分析现象、提出问题、作出假设、设计实验等来完成学习任务，这是对提高课堂教学有效性作出的探索。

4. 在今后的教学过程中，可以尝试让更多学生参与探究实验的实践活动，提前布置，分组探究不同培养方式、不同生长素类似物对不同植物插条生根的影响，使得课堂交流迸发出更多的火花。

当然，这些开放的教学环节对教师的主导作用有很高的要求，需要教师具备深厚的生物科学素养。例如，对于为何不宜选择幼嫩插条作扦插、水培法需要注意哪些事项、垂柳的茎生长方向为何向下等,应做好足够的准备,提高备课水平。

（福建省福州市高级中学　唐庆圆）

附：

“生长素的生理作用”探究实验学案

班级______________ 姓名______________ 座号______________

探究实验一：探究生长素类似物浓度对插条生根的影响

思考：本实验的自变量、因变量、无关变量分别是什么？

表 1　不同浓度的 NAA 对_______插条生根数量的影响

生根数 浓度 时间		100mg/L	200mg/L	300mg/L	400mg/L	500mg/L	清水
第 天	1						
	2						
	3						
	4						
	5						
	平均						

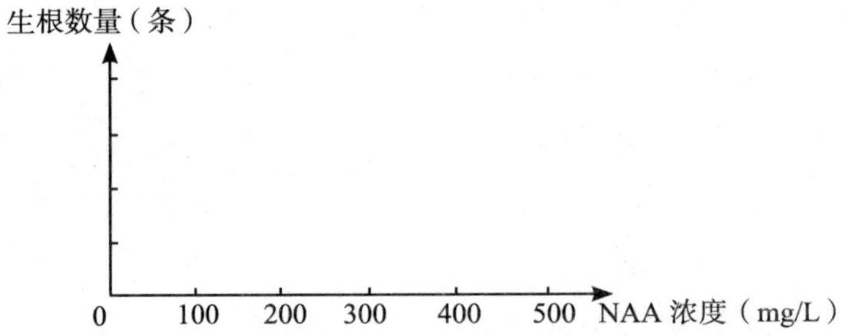

图1　不同浓度的NAA对________插条生根数量的影响

探究实验二：探究生长素类似物（NAA）促进插条生根的最适浓度

一、方案设计

1. 提出问题：________________________

2. 作出假设：浓度为________的 NAA 是_______插条生根的最适浓度。

二、实验过程

1. 实验步骤

设置生长素类似物的浓度梯度 → 制作插条 → 分组处理 → 进行实验。

2. 观察记录

表 2　不同浓度的 NAA 促进________插条生根记录表（浓度：mg/L）

生根数 \ 浓度 / 时间								
第　天	1							
	2							
	3							
	4							
	5							
	平均							
第 X 天	……							
第　天	1							
	2							
	3							
	4							
	5							
	平均							

三、实验结论

____

再探究

表 3　不同浓度的 NAA 促进________插条生根记录表（浓度：mg/L）

浓度 / 生根数 / 时间								
第　天	1							
	2							
	3							
	4							
	5							
	平均							
第 X 天	……							
第　天	1							
	2							
	3							
	4							
	5							
	平均							

专家点评

该教学案例应用高中生物教学的经典内容——生长素的生理作用，对科学探究教学方法进行了有益的探索。

该教学设计从课堂教学时间紧的实际情况出发，课前先组织部分学生进行了“生长素类似物浓度对插条生根的影响”实验。然后将实验的照片和数据记录作为课上探讨生长素作用的两重性情境创设的材料。学生课前的实验活动，既为课堂上全体学生的学习探究做了很好的铺垫，也解决了该探究活动跨越周期长，材料、试剂不同容易导致实验结果产生差异的问题。

该探究学习对学生学习的促进作用主要表现在以下几个方面：

1. 通过分析图表“同一植物的不同器官对生长素浓度的反应”，思考生长素对不同器官的作用，学生经过分析探究，发现了生长素既能促进生长，又能抑制生长；既能促进发芽，又能抑制发芽；既能防止落花落果，又能疏花疏果，这大大改变了学生以前对生长素作用的认识，从而得出生长素作用的两重性。在此基础上，学生又进一步探讨了根的向地性和茎的背地性、植物顶端优势及其在农业中的应用等，对植物生长素有了更为深入的认识。

2. 学生通过对“生长素类似物促进插条生根的最适浓度”的探索，使探究活动得以课内外相结合。教师在教学过程中，提出问题、作出假设、制订计划、汇报实验过程等环节，使学生对生长素类似物促进插条生根的最适浓度探索的结果从理论到实践有了新的认识。这一过程使学生分析问题、设计实验、解决问题的思维能力都得到了训练。

第三节　培养学生勇于质疑、“敢为人先”精神的教学案例及点评

“遗传密码的破译”教学案例及点评

教学案例

案例适用年级及版本：高中二年级　人教版

教学课时：1课时

一、教学目标

1. 知识与技能

（1）简述遗传密码的破译过程。

（2）说出遗传密码的特点。

2. 过程与方法

（1）引导学生从数学的角度认识碱基与氨基酸的对应关系，并进行科学推理。

（2）通过再现科学史，培养学生实验设计与科学探究的能力。

（3）通过总结遗传密码的特点，提高学生对比分析、归纳总结能力。

3. 情感态度与价值观

（1）通过再现科学史，引导学生体验科学探究的方法和态度。

（2）引导学生感受科学知识发现过程的艰辛和漫长，理解科学的本质。

（3）引导学生形成敢于质疑、勇于创新的探究精神。

二、教学重点、难点

1. 教学重点

通过遗传密码破译的过程，理解科学的本质，体会“假说—演绎法”的重要作用，体验科学探究的方法和态度。

2. 教学难点

无细胞系统破译遗传密码的实验设计。

三、教学资源

1. 课件：自制多媒体课件。（模型图片：正常人血红蛋白基因和镰刀型细胞贫血症血红蛋白基因比较、尼伦伯格和马太的大肠杆菌实验图、科学史文本资料等）

2. 学案。

四、教材分析

“遗传密码的破译”是高中生物必修二第四章的第三节，是对本章第一节“基因指导蛋白质的合成”的重要补充，在教材中本来属于选学内容。但该内容是理解基因突变和基因工程的理论基础，蕴含着丰富的科学史探究素材，包含了“假说—演绎法”的完整案例，同时也体现了实验设计的许多科学方法，非常适合学生进行探究性学习活动。

五、教学过程

（一）复习引入

教师引导学生复习 1953 年沃森和克里克的 DNA 分子结构模型，回顾遗传信息的物质基础。

1944年，薛定谔曾大胆地预言，染色体是由一些同分异构的单体分子连续组成。这些同分异构单体就像莫尔斯电码的两个符号“·”“—”，通过排列组合来储存遗传信息。

学生通过回顾双螺旋结构，明确遗传信息是什么，遗传信息沿着DNA→RNA→蛋白质的途径传递。

设计意图：通过复习、类比，展现矛盾，引入新课。

（二）环节一　碱基编码蛋白质

教师介绍背景资料：

1955年，Brachet首次通过实验证明了蛋白质的合成依赖于RNA。

1958年，克里克提出了“中心法则”假说，揭示了DNA→RNA→蛋白质的信息传递途径。

学生思考：

1. 细胞核内的DNA如何指导细胞质中蛋白质的合成?

2. 对于mRNA上的碱基序列转化为蛋白质中相应氨基酸排列次序，需要解决哪些问题?

设计意图：确定“碱基编码氨基酸”。

（三）环节二　几个碱基编码一个氨基酸

资料1：mRNA只有4种碱基，而组成蛋白质的氨基酸有20种，这4种碱基是怎么决定蛋白质的20种氨基酸的呢?

1954年，物理学家伽莫夫应用排列组合计算来研究遗传密码，提出遗传密码的三联体假说。

学生通过排列组合计算，明确：当3个相连的碱基决定1种氨基酸时，4种碱基才够决定20种氨基酸。

设计意图：引导学生学会结合数学方法解决生物问题。

（四）环节三　遗传密码的阅读方式

资料2：1961年，克里克与布伦纳合作，利用大肠杆菌的野生型T4噬菌体做实验。用丫啶类药物处理野生型噬菌体，在此噬菌体DNA发生缺失1个、2个、3个或插入1个、2个、3个核苷酸的各种突变类型。

实验结果：

1. 缺失 1 个核苷酸时，在 K 菌株上不生长；插入 1 个核苷酸时，在 K 菌株上不生长。

2. 缺失 2 个核苷酸时，在 K 菌株上不生长；插入 2 个核苷酸时，在 K 菌株上不生长。

3. 缺失 3 个核苷酸时，在 K 菌株上生长（拟野生型）；插入 3 个核苷酸时，在 K 菌株上生长（拟野生型）。

学生写出不同的突变对 mRNA 的影响。

当插入 1 个核苷酸时：____

当插入 2 个核苷酸时：____

当插入 3 个核苷酸时：____

总结：增加或减少______个核苷酸对编码的蛋白质影响最小。

设计意图：引导学生通过理解移码突变所引起的蛋白质结构差异，结合数学的思想，从实验角度验证“密码子的三联体特性”。

资料 3：1957 年英格兰姆阐明了镰刀型细胞贫血症的分子机制。由于正常人血红蛋白基因产生了碱基替换突变，T 取代了 A，导致正常血红蛋白多肽链上第六个氨基酸谷氨酸被缬氨酸取代。

引导学生写出转录合成的 mRNA 碱基序列。总结遗传密码的阅读方式。

设计意图：能够通过资料提供的信息，依靠学案的问题提示，总结出遗传密码的阅读方式等问题。

（五）环节四 哪几个碱基决定某一种氨基酸

提示：1955 年，科学家奥巧阿发现了多聚核苷酸磷酸化酶，它能在试管中催化合成 RNA，而不需要 DNA 作为模板。

资料 4：1961 年，美国两位年轻的生化学家尼伦伯格和马太利用大肠杆菌的破碎细胞溶液，建立利用人工合成的 RNA 在试管合成多肽链的实验系统，破译了第一个遗传密码。

实验步骤：20 支试管中分别加入一种氨基酸，再加入除去了 DNA 和 mRNA 的细胞提取液（也称为无细胞系统）以及人工合成的 RNA 多聚尿嘧啶核苷酸（UUU……）。

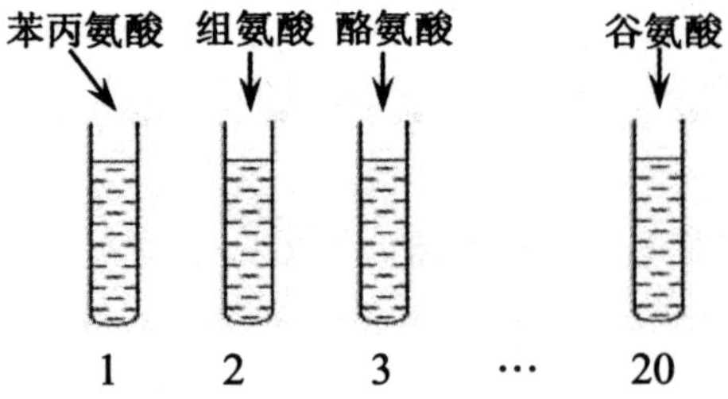

思考：

1. 可能观察到什么现象，得出什么结论？

2. 除了添加的氨基酸和 RNA 多聚尿嘧啶核苷酸外，无细胞系统为合成多肽链提供了哪些条件？

3. 为什么要除去破碎细胞溶液中存在的 DNA 和 mRNA？

4. 如果你是尼伦伯格同期的科学家，你觉得是否要设计对照实验，如何设计？

5. 破碎的细胞溶液中有氨基酸吗？如果有，是否会影响尼伦伯格和马太的实验结果？

6. 通过这种方法还能破译哪些遗传密码？

学生结合之前的知识，领悟实验设计的意图：

通过问题串，明确这是一个体外合成多肽链（模拟体内翻译）的过程，可解决问题 1、2：添加的氨基酸——原料；多聚尿嘧啶核苷酸——模板；无细胞系统为翻译提供了酶、核糖体、转运 RNA，合成需要的 ATP 需另行添加。

通过问题 3、4，进一步探索实验设计的巧妙之处：通过除去破碎细胞溶液中存在的 DNA 和 mRNA，保证翻译模板的唯一性；由于 mRNA 不能用常规办法去除，若有对照实验，可将 mRNA 的影响排除。

设计意图：通过提示，让学生了解当时的知识背景和已有的技术手段；通过问题串，引导学生理解、体会科学家在探索的过程中面临困难时，如何摸索、如何解决，以提高学生实验探究的能力。

（六）课后作业

密码子不可能全都由相同的 3 个核苷酸构成，在 1 个密码子中可以是 2 种或 3 种不同核苷酸的任意顺序，怎样才能知道其他氨基酸的密码子呢？

资料 5：1964 年，尼伦伯格发现无细胞系统中，特殊的三核苷酸（即长度为 3 个碱基的 RNA，如 AGG）能够促使特殊的氨酰 tRNA 与核糖体结合，如加入三核苷酸 UUU 促进苯丙氨酸 tRNA 与核糖体结合，加入三核苷酸 AAA 促进赖氨酸 tRNA 与核糖体结合。

补充知识点：氨酰 tRNA 和核糖体会结合成体积较大的复合体，当使用硝酸纤维膜过滤时，会留在膜上。

引导学生根据资料 4 的结论及方法，通过小组讨论，尝试设计实验。

设计意图：锻炼学生的合作能力，培养学生实验设计和科学探究能力。

小结：从 1954 年伽莫夫大胆的假设到 1966 年尼伦伯格和霍拉纳完全破译遗传密码，科学家不断改进实验方法，从研究突变对蛋白质的影响到合成人工 RNA 再到建立无细胞系统，终于将 64 个密码子的含义一一解读出来，遗传密码的破译是生物科学史上一个重大的里程碑！

设计意图：体验科学方法与科学态度，感受科学知识发现过程的艰辛。

六、教学反思

1. 立足学生，将教育的效果落实在终身成长上

新课标的理念中，希望通过生物这门课程，进一步提高、发展学生的生物科学素养，特别是发展学生的科学探究能力，帮助学生理解生物科学、技术和社会的相互关系，增强学生对自然和社会的责任感，促进学生形成正确的世界观和价值观。通过这节课的学习，可以让学生更真实地了解科学知识的获得并不是一帆风顺的，有停滞也有曲折，有时需要不同国籍的多位科学家的合作交流和相互佐证。同时，其包含的科学方法和态度也有利于学生更好地分析问题、思考问题。

2. 立足探究，合作讨论共同成长

探究性学习的目的在于能够使学生掌握科学研究的方法，培养其科学探究的能力，如果不亲自参与探究，学生就无法理解科学的本质。于是我选择在分组探究学习的过程中，逐步呈现通过科学史整合出来的资料，使学生的探究方向更为明确，在一定程度上弥补了探究性学习课堂容量小的缺憾。

探究性学习应该以过程为重，学生经过分析与思考设计实验方案，不管结果怎样，他们都经过了思考，加强了思维训练。如在探索过程中，关于如何排除 mRNA 对实验的影响，教师的意图是设计空白对照，学生则有不同看法，有的提出了设计对比实验，有的试图通过基因工程的方法，用逆转录酶使 mRNA 失效。

即使是不严密甚至是错误的，也可以先让学生进行点评，因为学生之间的对话和争论会使探究的层次更为深入，教师事后再作总结，但一定要对学生的努力给予肯定和鼓励，这样他们才能在下面的探究活动中保持较高的激情。在这个过程中，学生不仅体会了科学过程的评价与反思，还经历了科学假设和实验方案的设计，对科学素养的提高起到不可忽视的作用。

（福建省福州市高级中学　唐庆圆）

专家点评

该教学案例通过还原遗传密码破译的研究场景，运用以问题引导教学的模式，让学生亲历科学知识的获得过程，体验探究与自主构建相结合的教学策略，理解科学的本质。

该教学案例重视生命科学史的教育作用，通过生命科学研究资料的展示与分析，将科学家提出问题、分析问题、解决问题的思路与方法一一给予清晰展现，为学生的科学探究提供了很好的可借鉴模板。

该教学案例在注重对科学家科学研究资料进行分析的同时，还注重科学探究学习中学生主体作用的发挥，不仅要求学生动脑思考，还要求学生动手设计。学生经过分析与思考设计实验方案，不管结果怎样，这一过程都使学生的思维得到了训练。

在对学生进行思维训练的探究学习中，我们也看到"教学相长"现象在生物课堂上不断得以显现，学生的思维往往会超过教师的预设，这样的课堂就会有真正的讨论和对话，而学生之间的对话和争论会使探究的层次更为深入。有了这样的过程，探究学习自然会产生促进学生科学素养不断提高的教学效果。

“光合作用的探究历程”教学案例及点评

教学案例

案例适用年级及版本：高中一年级　人教版

教学课时：1 课时

一、教学目标

1. 知识与技能

（1）正确叙述植物进行光合作用的条件，并能设计相关实验方案进行验证。

（2）正确叙述光合作用的意义，用反应式表达光合作用原理。

2. 过程与方法

（1）结合光合作用的科学探究历程，进一步学习科学探究的方法，能分析问题、提出假设、设计实验方案、处理实验结果。

（2）分析科学史上的相关典型案例，领悟科学家研究光合作用的科学方法，从而建构科学的光合作用的观念。

3. 情感态度与价值观

（1）在科学史学习过程中，体验科学家探究光合作用奥秘的艰辛，培养实事求是的科学态度。

（2）认识到科学知识是不断发展的，会受当时社会背景和科学技术的限制，敢于质疑。

二、教学重点、难点

1. 教学重点

光合作用的探究历程和实验设计。

2. 教学难点

提高学生的实验设计能力。

三、教学资源

搜集制作课本中经典实验的示意图，制作 PPT 课件。

四、教材分析

本节课为人教版高中必修一第五章第四节“能量之源——光与光合作用”的第二部分内容“光合作用的原理和应用”的第一课时“光合作用的探究历程”。本章前面的内容介绍了细胞的能量供应和利用，第四节是对细胞的能量来源进行探讨。光合作用在绿色植物的新陈代谢以及整个生态系统的物质循环和能量流动中，具有十分重要的意义。

五、教学过程

（一）导入新课

1. 问题引入

我们的生长离不开美味的食物，那么植物的生长呢？

2. 建立假设

学生提出可能性，植物生长所需养分最可能从土壤中来。（认为植物种在土壤中，所以植物生长所需的营养物质当然来源于土壤）

师：早期，人们认为植物生长所需的营养物质全都来源于土壤中，包括古希腊哲学家、博学家亚里士多德。真是这样吗？亚里士多德的结论实际上只是一种经验上的推测，并没有进行相应的科学实验。（提出问题，让学生思考如何设计实验证明这一推测）

3. 海尔蒙特的柳树实验

教师出示 1648 年比利时科学家海尔蒙特的实验示意图，并适当讲解。

师：根据这个实验，你认为海尔蒙特能得出什么结论呢？

生：植物是喝水长大的。

师：海尔蒙特的实验严密吗？

生：最直接的失误是没有考虑空气因素。

师：虽然海尔蒙特的实验结论是不正确的，但我们从他身上学到了什么？

生：他想到用实验探究光合作用，实验是检验真理的标准。

生：他用了五年的时间做实验，让我们认识到科学钻研要有毅力。

生：他敢于质疑权威——亚里士多德的论断。

（二）探究进行光合作用所需的条件

师:1771 年,英国科学家普利斯特利做了一个有名的实验“植物——蜡烛（小白鼠）”实验。

教师出示普利斯特利的实验示意图，并适当讲解。

师：小白鼠生存、蜡烛燃烧需要什么气体？这个实验说明了什么问题？

（学生讨论后得出结论：植物释放了氧气）

师：当其他人重复普利斯特利的实验时，有的能够成功，有的却失败了。这是什么原因呢？

生：可能是没有让植物接受光照。

师：不错。由于普利斯特利的实验一直是在光照的条件下进行的，所以他没有发现光在此实验中的关键作用。荷兰科学家英格豪斯做了 500 多次（强调）植物更新空气的实验，才发现太阳光和绿叶是光合作用必不可少的两个主要条件，进一步证明只有植物的绿色部分在光照下才能起到净化空气的作用。到这里，我们已经知道光合作用需要阳光，需要绿叶（叶绿素），光是植物进行光合作用的必要条件。那么，在光合作用中光能到哪里去了？

1845 年，德国科学家梅耶指出：植物在进行光合作用时，把光能转换成化学能储存起来。光能转换成化学能，贮存于什么物质中呢？

（三）探究光合作用的产物

师：1864 年德国植物学家萨克斯对植物通过光合作用后产生什么物质进行了探究。

教师出示萨克斯的实验示意图，并适当讲解：把绿叶片放在暗处几小时，然后把此叶片的一半曝光，另一半遮光。过一段时间后，用碘蒸气处理叶片，发现叶片一半变蓝，一半不变蓝。

师：这一实验成功地证明了什么？

生：光合作用的产物主要是淀粉。

师：我们已经证明了光合作用需要水分，并在光照的条件下才能产生氧气和淀粉。

（师生共同总结出光合作用的概念，并完善光合作用的反应式）

到这里，我们感觉已经把光合作用弄清楚了。但是科学家们总是有着强烈的好奇心和敏锐的观察力。比如，光合作用释放的氧气是来自水还是二氧化碳？

（四）探究光合作用释放的氧气来自哪里

师：光合作用释放出的氧气到底是来自水还是二氧化碳？

提示：分泌蛋白的合成和运输用到了同位素示踪法。为了弄清楚这个问题，应标记哪一种元素？如何设计这个实验呢？

鲁宾和卡门的实验：

用氧的同位素 ^{18}O 分别标记 H_2O 和 CO_2，使它们分别成为 $H_2{}^{18}O$ 和 $C^{18}O_2$，然后进行两组光合作用的实验：第一组向植物提供 $H_2{}^{18}O$ 和 CO_2；第二组向同种植物提供 H_2O 和 $C^{18}O_2$。在其他条件都相同的情况下，对两组实验释放出的氧气进行分析。

结论：光合作用中释放的氧气来自水。

教师根据之前写的光合作用的化学表达式进行提问，产物（CH_2O）中 C 来自反应物中的什么？怎样研究其形成有机物的过程？

（生借鉴鲁宾和卡门的实验，很快想到用同位素示踪法）

教师展示材料：美国科学家卡尔文实验的过程，最终探明了二氧化碳转化成有机物的过程，称为卡尔文循环。

六、教学反思

本节课较圆满地体现了教学设计理念，课堂上学生始终在科学探究的氛围中积极思考，经历了亚里士多德的经验推测、海尔蒙特的柳树实验、普里斯特利实验、萨克斯实验、鲁宾和卡门实验等，感觉一节课穿越了几百年的科学探究历程。学生沿着科学家的足迹，享受了探究的乐趣。在这一过程中，学生基本建立了实验设计的思路，并且可以独立进行实验设计。

本教学设计在关注经典实验过程的同时，强调对实验设计思路、优缺点进行分析，通过启发学生质疑、进行合理假设、参与实验设计，使学生形成自主探究的能力。但学生探究能力的形成绝不是一蹴而就的，需要经过模仿、练习、独立设计等阶段。

此外，在教学过程中我充分利用多媒体教学的优势，展示光合作用的发现历史，把科学家的经典实验形象、直观地展现在学生面前，再现实验过程和实验现象，增加了课堂的容量，帮助学生充分感知知识、理解知识，发现和领悟其中的科学原理。多媒体与先进的教学设计理念相整合，有效地促进了学生的学习。

（陕西省户县第一中学　施乐）

专家点评

沿着科学家的足迹探索科学的奥秘，不但要看结果，更要看过程。

在教学过程中，首先，教师介绍了几个经典实验，为学生提供了典型的榜样和范例，使学生从中学习了科学巨匠独到的科学思想和方法，通过引导学生对实验现象进行科学推理，培养了学生思维的缜密性；其次，为了有利于学生真正理解实验设计方法，教师采用发现问题、解决问题的思路，通过海尔蒙特实验排除干扰因素、普利斯特利实验排除干扰因素和设置对照实验、英格豪斯实验控制单一变量和设置对照实验等，使学生在课堂中多次接触具有启发性的实验设计方法；第三，引导学生通过开放的发散思维建立假设，并综合所学知识和技能当堂设计并实践探究实验，有助于提高学生的成就感。

科学探究必须以具体的知识为载体，不能独立于具体知识之外。本教学活动以光合作用发现史为知识载体，沿着光合作用发现的历史线索，从古希腊亚里士多德开始，通过分析一系列经典实验得出植物光合作用的原料、产物、场所等，然后通过聚合思维，最后抽象出光合作用模型，为学生作出假设和设计实验提供了相关的基础知识。

新课程主张教学过程的重心由知识传授转向学生发展，教师的职责是较少地传授知识，较多地激励学生思考，而本节课在设计上就是真正以学生为本，让学生学会自主学习、合作学习，真正成为学习的主体；教师扮演了一个帮助学生发现矛盾而不是出示现成真理的角色。

第五章

将生物验证性实验改为生物探究性实验的探究教学案例分析

验证性实验是指对研究对象有了一定了解，并形成了一定认识或提出了某种假说，为验证这种认识或假说是否正确而进行的一种实验，目的是为了验证并巩固习得的知识，培养学生的各项实验技能；探究性实验是指实验者在不知晓实验结果的前提下，通过自己实验、探索、分析、研究得出结论，从而形成科学概念的一种认知活动，目的是考查学生分析问题、解决问题的能力，锻炼学生的创造性思维，培养科学探究能力。在生物实验教学实践中，有选择地将教材中一部分验证性实验改为探究性实验，可以提高生物实验教学的有效性。

第一节　培养学生自主学习能力的教学案例及点评

“绿叶在光下制造淀粉”教学案例及点评

教学案例

案例适用年级及版本：七年级　苏教版

教学课时：1 课时

一、教学目标

1. 知识与技能

（1）能叙述“绿叶在光下制造淀粉”的实验。

（2）知道绿叶在光下制造淀粉，为动物和人类提供了有机物。

2. 过程与方法

（1）初步学会设计实验步骤。

（2）学会通过滴加碘液的方法验证淀粉的存在，学会自己设计的实验方案。

3. 情感态度与价值观

在学习过程中体验科学家实事求是的科学态度。

二、教学重点、难点

1. 教学重点

探究实验：绿叶在光下制造有机物。

2. 教学难点

初步学会设计实验步骤。

三、教学资源

经遮光处理的天竺葵 1 ～ 2 盆、碘液、酒精、隔水加热的设施等。

四、教学过程

（一）引入

师：（出示小树由小长大的动画）一棵小树能够变成参天大树，构建它自身的营养物质到底是从哪里来的呢？植物生长在土壤中，其营养物质是从土壤中来的吗？为此科学家进行了不懈地探索。

（师用彩图展示海尔蒙特的柳树实验）

生：（一致认为）植物生长所需要的营养物质不是从土壤中来的。

师：经过众多科学家近 300 年的研究终于得出结论：绿色植物能够由小长大是因为绿色植物能通过光合作用制造有机物。（出示课题）

师：绿色植物制造的有机物是什么呢？其制造有机物又需要哪些条件呢？让我们来做一个实验：绿叶在光下制造有机物。

（二）学生自主设计实验步骤

探究实验一：设计对照实验（选叶遮光）

师：绿色植物进行光合作用必不可少的条件是什么？

生：光。

师：你能以光为变量设计对照实验，证明光合作用需要光吗？

生：把一盆植物放在阳光下，另一盆植物放在床底下。

生：把一盆植物放在阳光下，另一盆植物用黑色塑料袋遮盖起来。

……

（学生争先恐后地说出自己的想法，教师一一给予肯定和鼓励）

师：刚才同学们说的都是两盆植物，但我们设计对照实验的原则是控制单一变量，大家想想我们可不可以减少两盆植物的差异给实验带来的干扰呢？

生:把一盆植物的一些叶片用黑色塑料袋套起来，另一些叶片暴露在阳光下。

师:好！大家的设计方案有进步了，但是同一盆植物上的叶片也会存在差异，我们能不能再进一步把这个差异消除呢？

生：（恍然大悟）把一片叶子的一部分用黑纸遮盖起来，另一部分见光。

这名学生话音刚落，全体学生报以热烈的掌声。（这个方法变量最少，在同学们敬佩的目光中，这位同学感受到了成功的快乐）

探究实验二：检验叶片中产生了有机物（酒精脱色、滴加碘液）

师：(出示已选叶遮光的天竺葵，启发学生思考)根据我们的假设，思考叶片遮光部分和见光部分，哪部分会产生有机物?

生：见光部分产生有机物。

师：如何检验叶片见光部分产生了有机物呢?(提示学生回忆玉米种子的胚乳遇碘变蓝，证明了什么)

生：(顿悟)用滴加碘液的方法来验证淀粉的存在。

师：把叶片摘下，去掉黑纸，直接滴加碘液可以吗?

生：不可以，因为直接滴加，碘液根本渗不进去。

师：(一愣，因为这个回答事先没有预料到)刚才，这个同学说得很有道理。除此之外，还有别的原因吗?

(生有点茫然)

师：大家想一想，植物的叶是绿色的，在绿色的叶片上，碘液变蓝容易观察到吗?

生：应该把绿色去掉再滴加碘液。

师：怎样去掉绿色呢?

生议论纷纷。有的说放在锅里煮一煮，有的说把叶片摘下来时间长了就会变黄……

(因为学生化学知识有限，没有人能够想到用酒精脱色，但教师对他们提出的方法要给予肯定，并指出不足)

师：我们可以用酒精试一试能不能使叶片脱色，大家可自己设计这一实验方案。在做实验时，只要同学们认真观察现象就会找到答案。(把酒精脱色这一实验设计难点，放在实验操作过程中，既可以增加学生做实验的兴趣，又会使问题迎刃而解)

探究实验三：去掉叶片中原有的淀粉(暗处理)

师：这盆天竺葵一直放在阳光下，在用黑纸遮盖之前，整个叶片中是否含有淀粉呢?

生：含有。

师：如何把叶片原来所含的淀粉去掉呢?

生：放在黑暗处一昼夜或者用黑色塑料袋遮住光。

教师和学生一起总结实验过程：

1. 暗处理。

2. 选叶遮光。

3. 酒精脱色。

4. 滴加碘液。

（出示幻灯片，以图示的形式简洁呈现实现步骤；师强调注意事项：酒精容易燃烧，需要隔水加热）

（三）学生实验（过程略）

教师出示测试题目和学生一起总结实验。

实验步骤	设置这一步骤的目的
暗处理	除去叶片中原有的淀粉
部分遮光	设置对照实验
酒精脱色	脱去叶绿素，使显色容易观察
滴加碘液	验证淀粉的存在

（四）总结全课

师：通过实验我们知道了绿叶在光下制造淀粉，为动物和人类提供了有机物。当我们欣赏到美丽的鲜花时，当我们吃到丰硕的果实时，当我们赞美猎豹奔跑的雄姿时……我们都应该感谢绿色植物。让我们把感谢化为行动，珍惜身边的每一棵植物，使我们的家园——地球变得更加美好！

五、教学反思

把验证性实验改为探究性实验是我们生物教学的一种尝试，目的是培养学生科学探究能力的同时，使学生理解实验设计的原理，因此，在问题的设置上，要符合中学生的认知特点。中学生的形象思维占优势，逻辑思维则刚刚形成，所以不要以教师的思维来代替学生的思维。教师创新性地设计了教案，兴冲冲地拿着教案去实施教学，可学生的反应却是冷冷淡淡。遇到这种情况，教师不应该只埋怨学生，而应该反思自己设计的问题是否符合学生的思维特点和认知规律。这就要求教师了解学生已有的生活经验和知识储备，了解学生的认知规律和心理特点，并在此基础上大胆修正自己的教案，直至达到最佳的课堂效果。在新课程的实施过程中，课堂更加开放，教师经常会面临许多新的问题，学生对问题的回答有许多是教师事先不能预料的，这就要求教师在平时加强学习，增加自己的知识储备。例如，本节课中，关于天竺葵是否需要暗处理的问题，教师先对学生的回答给予了充分肯定，保护他们的问题意识，课下再和学生一起寻找问题的答案。

（江苏省南京二十九中　沈菲菲）

专家点评

“绿叶在光下制造淀粉”是初中生物学的重要内容，将为高中相关内容的学习奠定重要基础。如何提高这部分内容的教学质量，是本次教学的重点。该教学案例改变了以往教师准备实验、学生验证实验、得出结论的教学模式，采用科学探究学习的方式，将学习的主动权交给学生，在教师的引导下，由学生自主设计实验步骤。

在这一过程中，学生会产生困惑、顿悟，会出现老师意想不到的问题，会呈现非常奇妙的想法，也会收获成功的快乐！这种科学探究学习不仅可以激发学生的学习兴趣，还使学生对生物科学知识的学习产生快乐的体验，教师设计的三维教学目标也在这样的探究过程中得到较为完满的体现。

“种子萌发需要的外界条件”教学案例及点评

教学案例

案例适用年级及版本：七年级　苏教版

教学课时：1 课时

一、教学目标

1. 知识与技能

（1）明确种子萌发需要水、空气、温度等外界条件。

（2）知道单一变量原则。

2. 过程与方法

（1）能根据科学性原则、对照性原则、单一变量原则设计实验。

（2）能动手操作种子萌发的探究实验。

3. 情感态度与价值观

（1）认同种子萌发既需要内部条件也需要外界条件。

（2）能积极参与倾听、讨论与争辩，初步养成科学实验所需的认真态度。

二、教学重点、难点

探究种子萌发所需要的外界条件。

三、教学资源

种子破土萌发的视频，纸杯，餐巾纸，红豆、绿豆、小麦、玉米、芝麻、花生等材料。

四、教学过程

引言：我们刚学习完菜豆种子的结构，并理解了种子萌发所需的内部条件，但是种子的萌发还需要外界条件。下面我们一起来探究种子萌发需要的外界条件。

（播放视频：在轻柔的音乐中画面开始呈现，破土而出的芽，正在萌发的种子）

师：你们看到了什么。

生：种子发芽了。

师：种子为什么会发芽，种子发芽需要什么条件呢？

生：（齐声）它需要完整的有生命力的胚。

师：满足了这个条件种子就能萌发了吗？

（学生陷入思考）

生：能。

生：不能。

师：不能。种子萌发还需要其他条件，我们称之为外界条件。根据自己的生活经验，你们认为哪些是种子萌发的外界条件呢？

（学生们活跃起来，眼中闪烁着探索的光芒，大家七嘴八舌，教室里沸腾了）

师：哪位同学能告诉我，你认为种子萌发需要哪些外界条件？

生：水。

生：氧气。

生：温度。

生：土壤。

生：阳光。

生：营养物质。

生：音乐。

（当有学生说到音乐时，大家都笑了）

师：很好，那怎么证明你们的观点呢?

生：通过探究实验可以证明。

师：那我们现在就请同学来设计实验，探究种子萌发的外界条件。不过，我们先要明白探究实验的原则是什么?

生：科学性原则、对照性原则、单一变量原则。

师：很好，现在请同学们分组讨论一下。

（将班级分成 6 个小组，每个小组选一个研究课题：水、空气、阳光、温度、土壤、音乐）

师：现在各组派两名代表，上台介绍你们设计的实验。

组 1：假设水是种子萌发所需的外界条件。

实验设计：选择两个一次性纸杯，一个底部放了潮湿的餐巾纸，一个什么都不放。在两个纸杯中分别放入 30 粒绿豆种子，并放在温暖的地方，观察结果。

（该学生刚讲完，下面就有学生举手）

师：有什么疑问吗?

生：他没有遵循单一变量原则。一个纸杯有餐巾纸一个没有。

师：很好，还有其他问题吗?

生：应该说明餐巾纸一直保持湿润，要定期洒水。

师：这个方案设计得不错。不过我想提两个问题，你们为什么选择绿豆种子？为什么挑选 30 颗，而不是 1 颗?

生：我们组之所以挑选绿豆种子，是因为绿豆种子小，好放一些；挑选 30 颗是为了避免实验的偶然性，减少误差。

师：这里准备好了你们进行实验所需的材料及用具，你们组能选派一名代表进行演示吗？

（学生上台演示本组设计）

组 2：假设音乐是种子萌发所需的外界条件。

实验设计：选择两个一次性纸杯，底部铺上同样潮湿的餐巾纸，再分别放入 20 粒红豆种子，给其中一个纸杯每天放 3 个小时音乐，另一个不放音乐。观察种子的萌发结果。

……

（同学们热烈地讨论着，他们不仅想到了常见的因素还想到音乐这一因素，勇于创新）

老师总结：今天同学们讨论得非常好，请每个同学回家后选择自己喜欢的实验进行再设计，观察其结果，并写出实验报告。

五、教学反思

1. 新课程标准明确提出："面向全体学生、提高生物科学素养、倡导探究性学习。"这节课对落实这三个理念提供了非常好的素材。影响种子萌发的原因比较多，同学可以选择自己喜欢的因素进行探究。而且这个实验，无论实验材料还是实验器具，都非常容易获得，学生操作无任何困难，满足了不同层次学生的需求。

2. 本节课实验是一个典型的探究实验，有助于提高学生实验设计和操作的能力，有助于对学生进行科学方法的渗透、科学态度的培养，进而提高学生生物科学素质。

3. 采用多媒体播放春天播种和种子萌发的动态画面，利用感官刺激创设问题情境，成功地激发了学生的发散思维，使大多数学生比较迅速地进入学习与思考的状态。

4. 课堂的气氛和谐民主，学生大胆发表自己的观点，有许多创新的发现。在整个教学过程中，对话与倾听、讨论与争辩、演示与合作都十分融洽，使课堂焕发出自主、合作、探究的浓浓氛围。

（江苏省南京二十九中　许平）

专家点评

本案例是让初中学生学会科学探究的一个重要内容，虽然对初中生来讲，无论是问题思考还是动手操作的难度都不大，但如何组织好课堂探究活动，让学生在深入理解知识的同时，学会思考、学会规范地操作，形成做实验的认真态度是教师需要解决的问题。正如教师反思的那样，该教学案例在这些问题思考中有想法、有创新，使课堂呈现出生动、活跃的氛围，并将三维教学目标落到了实处。

从教学过程中我们可以看到教师的认真设计与实施，首先探究教学的思路比较清晰，教学一开始，让学生从视频中看到了种子萌发时的生命活力。这一情境中的师生对话直入主题，"种子为什么会发芽，种子发芽需要什么条件呢？""它需要完整的有生命力的胚。""满足这个条件种子就能萌发了吗？"紧接着的实验探究活动以单一变量原则为核心紧张有序地展开。之后，学生在活动中的思考和动手过程都呈现出探究学习活动的特有状态。这一过程使我们感受到，简单的探究活动对学生终身发展具有重要的教育作用。

第二节　增强学生合作交流能力的教学案例及点评

"食物中的营养成分"教学案例及点评

教学案例

案例适用年级及版本：七年级　苏教版

教学课时：1 课时

一、教学目标

1. 知识与技能

举例说出食物中含有蛋白质、淀粉、脂肪、无机盐等。

2. 过程与方法

（1）尝试设计实验，探究食物中含有某种营养成分。

（2）通过小组实验增强交流合作能力。

3. 情感态度与价值观

关注合理膳食，树立健康饮食观念。

二、教学重点、难点

尝试选取合适的材料，设计探究食物中含有某种营养成分的实验。

三、教学资源

烧杯、试管、滴管、镊子、酒精灯、纱布等常规实验器材；面粉、花生、芝麻等食物；玉米、小麦等粮食作物；碘液、硝酸溶液等化学试剂。

四、教材分析

这部分教学内容是苏教版生物教材七年级下“人体需要的主要营养物质”一节中的实验课部分。在上节课中，学生将课前搜集的盒装或袋装食物的产品说明带到课堂上进行了分析、讨论、归纳和总结，初步了解了食物中一般含有蛋白质、糖类、脂肪以及维生素、水、无机盐、纤维素等营养物质。在本节课中，主要通过实验加深学生对食物中所含营养物质的认识，同时培养其设计实验、交流合作等能力。由于下一课时“观察食物中含有无机盐”的实验并不复杂，因此将这一实验也安排到本节教学中。

五、教学过程

（一）导入新课

复习旧知识，补充实验必需的相关知识，为学生进行实验做好铺垫。

教师引导学生回顾淀粉和无机盐的特性。

师补充：淀粉是糖类的一种；在蛋白质中滴加硝酸变成黄色。（可通过向蛋清中滴加硝酸变成黄色的演示实验增加学生的直观认识，提醒学生硝酸具有腐蚀性，实验时要注意安全）

学生回顾旧知识，为新知识的学习做准备。

（二）实验过程

1. 以小组为单位，设计实验方案，培养思考能力

教师提示学生可参考课本中的指导，设计探究食物中含有某种营养成分的实验方案。

学生讨论、交流，设计实验方案。

2. 自主选取材料进行实验，培养学生选择、处理实验材料的能力

教师巡视、指导学生进行实验。以下是一些小组进行的实验：

（1）“食物中含有蛋白质和糖类”的实验

有3个小组选取面粉作为实验材料，然后按照课本中指导的方法进行了实验。

①用面粉加水和成面团。

②将纱布包裹面团放入盛有清水的烧杯中揉挤，观察到有白色物质从纱布里渗出，清水变浑浊。

③将面团放在另一支盛有清水的烧杯中揉挤，直到不再有白色物质从纱布里渗出。

④用滴加碘液的方法检验渗出的白色物质是否是淀粉。（这时，有的小组是直接将碘液滴入烧杯，有的小组则是将少量液体倒入试管，再向试管中滴加碘液）

⑤用滴加硝酸的方法检验纱布中剩下的黄白色胶状物质是否是蛋白质。

有2个小组选取玉米作为实验材料。将玉米切成小块，分成两份，一份滴加碘液检验淀粉的存在，另一份滴加硝酸检验蛋白质的存在。

（2）“食物中含有脂肪”的实验

有2个小组选取花生、小麦作为实验材料，有1个小组选取芝麻作为实验材料，然后按照课本中的指导方法进行实验：取烘干的种子1粒，用刀片纵向切开，分别将种子的切面放在白纸的不同位置上用大拇指挤压，观察挤压后留下的印迹。

（3）“食物中含有无机盐和水”的实验

有4个小组选取玉米和小麦作为实验材料。

①有3个小组直接将玉米或小麦装入试管中加热，有1个小组将玉米切成小块，装入试管中加热，观察现象。

②用解剖针尖端挑起玉米或小麦在酒精灯上燃烧，观察燃烧前后的变化。

3. 组织学生交流实验结果

生：向洗过面团的液体中滴加碘液，液体变成蓝色，证明面粉中含有

淀粉。

生：向纱布中的黄白色胶状物质滴加硝酸，结果变黄褐色，证明面粉中含有蛋白质。

生：向切成小块的玉米滴加碘液，结果剖面变蓝色，证明玉米中含有淀粉。

生：向切成小块的玉米滴加硝酸，结果剖面变黄褐色，证明玉米中含有蛋白质。

生：在白纸上用力挤压花生、小麦和芝麻，很容易在白纸上留有油迹，但挤压小麦产生的油迹不明显，说明花生和芝麻中油脂的含量比小麦多。

生：加热装有玉米或小麦的试管，观察到试管壁上有水珠生成。将玉米切成小块，装入试管中加热能较快观察到这种现象。

生：在酒精灯上燃烧玉米或小麦，最后残留灰白色物质，证明无机盐的存在。

生：玉米燃烧时间较长，残留灰白色物质较多，效果明显。

教师指出实验中不够规范的地方，与学生进行讨论。如滴加碘液检验渗出的白色物质是否是淀粉时，是直接将碘液滴入烧杯中，还是将少量液体倒入试管，再向试管中滴加碘液；向切成小块的玉米分别滴加碘液和硝酸，观察到颜色变化后，是否应立即将玉米用清水漂洗干净。

（三）总结，将所学知识用于生活

教师对实验活动进行总结，鼓励学生课后进一步探究不同食物中各种营养物质的含量分别是多少，平时应怎样注意合理膳食。

六、教学反思

1. 为学生提供开放性的实验条件

课前，我为学生准备了足够的实验器材，使学生可以根据自己设计的实验方案，自主选择和处理实验材料。尽管每个小组所进行的实验不尽相同，观察到的现象也各不相同，但安排这样的教学实验重在使学生成为一个主动的实验探究者，而不是一个被动的按要求机械操作的熟练工，使学生在自主设计实验、自主选择实验材料、合作开展实验探究的过程中，获得具体的经验体会，领会科学的探究方法、探究意识。

2. 充分利用课本资源

初一的学生虽然已经具备一定的实验能力，但在短短一节课内，要求他们凭空设计、开展实验是有难度的，而且此实验中还要用到一些化学知识，这对初一的学生来说更加困难。针对这种情况，我引导学生充分利用课本资源、根据课本中的指导设计实验方案，并鼓励学生在此基础上要有所创新。如学生选取玉米作为实验材料，进行“食物中含有蛋白质和糖类”的实验，就是在依据课本指导的基础上，选用不同材料进行的大胆尝试。

3. 引导学生运用原有知识

学生的原有知识包括生活经验和已学过的知识。在学生设计实验之前，我先引导他们充分调动已有知识，如淀粉遇碘液变蓝的特性、无机盐不能燃烧等，为具体的实验设计做好铺垫。在教学中有意识地引导学生运用所学知识以及生活经验，可以使学生学以致用，在生活中做个有心人。

4. 将学生的好奇心转变为探究的动力

实验课是学生的好奇心得到充分满足的地方，初一的学生更是如此。看到不同的物质遇到不同的化学试剂后颜色发生了改变，就想将所有的物质都滴上两滴试剂，看看有什么变化；不管是花生、玉米还是小麦，学生都想放在火上烧一烧。面对这样的情况，有时教师可能为了维持课堂秩序而一概加以否定或批评，但更好的做法是给予他们正确的引导。首先，教师可指导学生进行正确规范的操作，如在实验过程中，指导学生将少量液体倒入试管，再向试管中滴加碘液，而不是直接向大量液体中滴加碘液，从而让学生感受到科学实验的规范性和严谨性。其次，教师应引导学生仔细观察现象。如将碘液滴在玉米种子纵切面上，只看到一部分变蓝，引导学生结合已学过的有关种子结构的知识，认识到玉米种子的胚乳中含有较多的淀粉。

（江苏省南京二十九中　许明）

专家点评

探究食物中的营养成分是初中生物学中与生活实际紧密联系的重要教学内容。怎样通过实验加深学生对食物中所含营养物质的认识，同时培养他们设计实验、交流合作等能力是该教学案例要解决的重要问题。

该教学案例一方面为学生提供了充分的实验器材和试剂，让学生以小组为单位自主设计实验方案，探究食物中含有蛋白质、糖类、脂肪等营养成分；另一方面特别关注学生在实验过程中的学习行为，给予适时引导，使课堂探究活动既充分发挥了学生学习的主观能动性，又保障了探究活动能够规范、有序地进行。这样的教学活动得益于新课程实施以来教师教学观念的转变以及教学组织能力的不断提高。

教师放手让学生利用一切可以利用的教学资源自己动手进行实验，这一探究活动，改变了以往学生在课堂上按实验要求机械操作的被动局面。例如，学生可以以小组为单位，设计实验方案；可以自主选取材料进行实验等。学生在自主设计实验、自主选择实验材料、合作开展实验的过程中，获得了具体的经验体会，领会了科学的探究方法，发挥了创新意识，这些都是验证性实验难以取得的学习效果。

“咖啡因对人心率影响的探究”教学案例及点评

教学案例

案例适用年级及版本：高中一年级、二年级　校本课程

教学课时：3 课时

一、教学目标

1. 知识与技能

概述某些毒品能影响神经元间的信息传递。

2. 过程与方法

（1）初步形成生物探究实验的设计、执行、修改、完善与反思的能力。

（2）掌握实验数据的简单分析方法。

（3）能对实验结果作出归因和创新性思维。

3. 情感态度与价值观

（1）体验科学探究的一般过程，树立面对挫折锲而不舍的精神。

（2）养成小组协作的意识和成果分享的观念。

二、教学重点、难点

1. 教学重点

概述某些毒品能影响神经元间的信息传递。

2. 教学难点

初步形成生物探究实验的设计、执行、修改、完善与反思的能力。

三、教学资源

白开水、葡萄糖水、含和不含咖啡因的各种饮品、秒表。

四、案例背景

探究实验“探究咖啡因对人心率的影响”并非高中生物课程标准中所规定的实验内容。此实验是针对当今社会吸毒群体不断年轻化的趋势，为了预防毒品渗入校园，让学生正确认识吸毒成瘾的实质及危害，更好地理解某些毒品能影响神经元间的信息传递而进行的。该探究主题以校本选修课的形式供高一和高二的学生选修。

五、教学过程

与一般的课堂探究实验不同，“探究咖啡因对人心率的影响”实验是由教师发起、学生驱动发展，并从课堂延伸到课外再回归到课堂，经历了三次由浅入深的递进式探究活动。在项目组教师们看来，它既囊括了课堂探究实验的所有特征，又具备自身特有的样本式内涵。

（一）课内初次探究

教师向学生讲解了各种毒品，如可卡因、海洛因、咖啡因等。为了加深学生理解和应用原理预测生命现象，培养学生的探究能力和创新精神，故让学生设计实验，探究咖啡因对人心率的影响，而后教师与学生协同互动，形成一个较为完善的探究方案（详见附录1）供全班同学参考。

1. 初次探究过程

学生根据自带饮料的不同分组，总体分为：含咖啡因组、不含咖啡因组、空白对照组。分组后，教师先指导学生学会测定自己的心率；然后指导学生在第0分钟时测一次自己的心率；之后全班同学同时喝330mL自带的饮料，10分钟后，每隔5分钟测一次自己的心率，共5次，期间不能大声说话、走动等。当学生把实验数据测完并记录好后，下课时间已到。教师安排学生课后汇集全班的数据，然后派发给每位学生。布置课后作业：分析含咖啡因的饮料对人的心率有何影响？并要求学生在下节课中分享自己的看法和结论。

2. 初次探究结果

全班的实验结果汇总如下表：

咖啡因对人心率影响的实验记录

测量时间	空白对照组平均心率（次/分钟）	含咖啡因组平均心率（次/分钟）		不含咖啡因组平均心率（次/分钟）
	白开水	百事可乐	可口可乐	美汁源酷儿
第0分钟	77.4	77.3	74.0	80.0
第10分钟	72.1	78.8	73.2	72.0
第15分钟	66.6	77.8	71.1	74.0
第20分钟	66.1	76.5	69.0	78.0
第25分钟	63.1	73.0	70.2	70.0
第30分钟	67.1	74.8	72.5	64.0

三组数据都显示学生在喝完指定的饮品后，心率呈下降趋势。而实验前，绝大部分学生基于理论知识所作出的假设是：含有咖啡因的饮料能促使人的心率加快。而结果令学生疑惑不解，反响强烈。

教师请几位同学上讲台分享自己对实验数据的分析和结论。学生得出的结论有：（1）咖啡因能使人的心率下降；（2）本次实验失败；（3）饮料有问题等。通过本次实验探究学生提出问题如下：

（1）全班有40人，不同人的心率变化各有不同，以谁为准？

（2）如何确定实验的结果是由饮料中的咖啡因起作用所致？

（3）喝完指定的饮品后，心率为何不上升反而下降？

（4）为什么喝白开水的同学心率也下降？

（5）与第 25 分钟相比，第 30 分钟心率为何上升？

（6）实验结果与预期的假设相悖，是否意味着实验失败？

探究实验的目的是解决问题，但实验后反而产生了更多问题。当实验结果与学生已有认知相冲突时，教师需先引导学生分析数据产生的过程，找到解决问题的办法。

3. 分析产生“意外”的原因

解除学生的疑虑，教师的引导是关键。

师：你们觉得能影响人心率改变的因素仅有咖啡因吗？结合自己的生活经验，在什么情况下心率会上升？什么情况下心率会下降？

生：情绪状态、运动等都会影响人的心率。当我们运动后，心率会上升；而安静休息时，心率又会降下来。

师：在测定心率前 10 分钟，你们做了哪些可以影响到心率变化的事情？

学生回顾测定心率前所做的事情，各小组讨论出三个可能导致心率上升的因素：走路到实验室上课、说话、实验前心情有些激动。

师：那你们在第 0 分钟测完心率后，又做了哪些可以影响到心率变化的事情？

学生又归纳出：喝指定的饮品，静静等待下一次测心率。

师：那你们知道为什么喝白开水的同学心率也会下降了吧。

生：我们匆忙地从各班教室走进生物实验室，导致心率明显加快；当我们安静下来听课和测心率后，心率又会慢慢地下降。即使是喝了含有咖啡因的饮料，也不足以使人的心率提高到运动时的心率。

师：空白对照组与含咖啡因组学生的心率都下降，是否就是没有差异呢？

生：有下降速度的快慢之分。

师：对，如何能直观地观察到下降速度的快慢？

生：画图。

学生自己描点、连线、画图，通过观察折线，发现含咖啡因组的心率比空白对照组的下降速度慢。

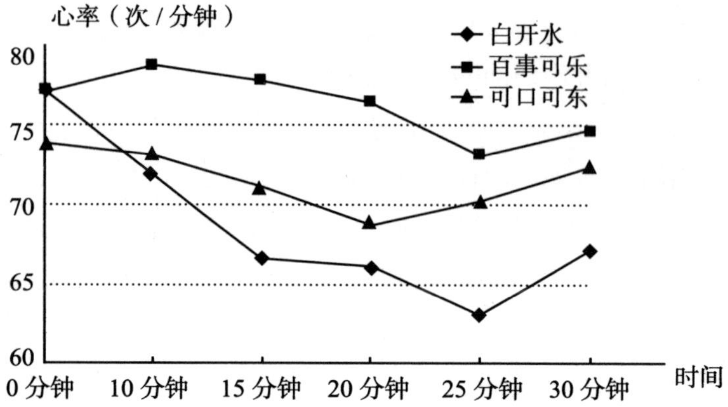

师：与空白对照组相比，虽然无法确认含咖啡因组能提高人的心率，但我们能得出的结论是——

生：咖啡因能减缓人心率的下降。

师：那为什么第 30 分钟的心率明显要比第 25 分钟的高呢？

生：这是因为第 30 分钟是下午最后一节课快下课了，我们都期盼着下课，比较兴奋，所以心率又升高了。

4. 引发新探究

师：虽然我们没有获得预期的实验结果，但实验数据却真实地反应了你们实验时的生理状况。现在，摆在我们面前的问题是，如何通过完善实验设计来规避以上诸如走路、心情兴奋等无关变量对心率测试产生的影响。

（学生讨论后认为要选择恰当的时间、地点进行实验，并建议把探究的命题改为“探究含咖啡因的饮料对人心率的影响”）

（二）再次探究与完善

不同小组选择了不同的“技术路线”，有学生选择了带领本组同学第 2 节晚修时，在本班教室进行实验；有学生选择在早上起床前，全宿舍同学在宿舍进行实验；等等。于是在学生的驱动下，课内探究延伸到了课外，大家都积极地参与了进来。

1. 学生完善探究方案，自主完成探究

高二（18）班的陈丹霞等同学将小组实验方案进行了修改：①实验地点在高二（18）班教室，时间为第 2 节晚修，要求本组学生第 1 节晚修下课后不能出去活动或大声说话等；②限定每位学生只能选三种饮品之一；③重新设计了实验数据记录表。学生把经过教师确认后、修改完善的实验方案进行再次探究。因为实验小组的学生对自己的实验方案已了然于胸，且大家已有实践经验，所以无需教师在场指导，学生便能把探究实验顺利完成。

2. 学生的创造性思考

由于学生都是自己组织并完成实验的，为了引导学生的探究走向规范，教师要求学生实验结束后完成实验报告，并给学生提供规范地撰写实验报告的有关指引。（详见附录 2）此外，教师还要求学生在完成实验报告后，与他人进行交流，展示自己的实验成果，对展示过程中他人的质疑进行合理的辩护等。

虽然没有一个学生的实验报告是完全按照指引中的格式撰写的，但经过再次探究，学生对实验方法的揣摩、实验数据的理解和分析已经走向了深入，并在探究活动中闪现出创新思维的火花。

随后，教师安排学生在选修课上汇报各组的探究成果。汇报交流中，学生的思考主要集中在实验数据的采集、分析和实验结论的推理方面。

汇报结束后，师生共同总结出以下几个问题：

（1）需剔除异常的数据，有些同学的数据在测量中波动太大，可能是非研究变量干扰所致。

（2）需测定正常个体在正常状态下的心率波动范围（实为进行数理统计上的差异显著性检验），如有学生提出：我在喝完含咖啡因的饮料后，平均心率上升 2 次 / 分钟，这到底是我正常的心率波动，还是饮料所致呢？

（3）含咖啡因的饮料中成分繁多，如何确认是咖啡因的作用？

（4）有可能的话，是否可用一个非成瘾浓度的咖啡因溶液进行实验，使实验更为简单明了？

在教师的引导下，学生创造性地提出了二次完善的方案：

（1）考虑到饮料中的葡萄糖摄入对心率也有影响，需增设一个葡萄糖组。

（2）改进实验数据的采集方法，采用同桌间互测心率，且实验结束前不能交流，以免情绪波动。

（3）每位参与实验的学生增加喝饮品前的心率测定，每 5 分钟 1 次，共 5 次，作为自身对照。

（三）第三次探究

经过前两次的实验，学生已能驾轻就熟地完成第三次探究实验。实验数据汇总后显示：与未喝饮料之前作自身对照，含咖啡因的饮料能使人的心率有所提高；但与空白对照组或葡萄糖组相比，心率上升并不显著，即没有明显的差异。学生推测这并不明显的心率上升可能是与“舒适地快速连续喝下330mL饮品”有关。这不但体现了学生分析问题的科学性、严谨性，还体现了学生思考问题的全面性、批判性，表明学生的探究性学习已走向成熟，创新能力已然萌动。

六、教学反思

本案例是一次教师与学生互动的实验探究，教师与学生都怀着共同的目标：如何让探究的结果更科学、更具有说服力。除初次探究外，所有的活动都是学生根据探究结果自己进行构思而生成的，因此，案例中的师生活动，是由教师、学生以及实验结果共同作用生成的。本案例为各位同行提供了一个较为完整的教材外、选修课内的探究标本。

1. 做真正的探究，探究真实的结果

教师时常把一个验证性实验改为探究性实验，但实验结论不作证明，徒有躯壳，缺乏灵魂。这不但使探究过程形式化、走过场，而且降低了探究的思维品质，容易提供给学生捏造实验结果的机会。学生探究性思维能力的培养需建立在学生经历真正的探究的基础之上，同时让学生面对真实的结果，才能为其提供批判性思维的机会。

无独有偶，美国教师Neering在引导学生“探究不同化学物质对水蚤心跳的影响”后说：“我并不是希望这个经典的实验练习带给学生所期待的结论。但如果我们是希望学生做科学，而非记住结论或完成菜谱式的实验操练的话，这个实验已经提供了非常有效的学习体验，至少他们学会了怎样科学地质疑。”

2. 移交学生探究活动的主权

本案例变老师要我探究为我要探究，让学生自己想办法解决实验过程中产生的问题。这种由需求所驱动的探究，能激发学生极大的探究潜能。而教师只需把握探究的大方向，提供探究顾问，便能使学生的探究活动达到事半功倍的效果，使学生的创造性思维能力获得充分的发展。

3. 好的探究主题能引导学生的探究走向深入

思想有冲突，才有解决问题的兴趣和动力。本案例由解决一个问题后产生的众多新问题层层引入，使探究实验的后期超出了原有的设计。整个探究过程从课堂延伸到课外，又从课外回归到课堂。

我们必须把一个探究实验设计得天衣无缝，使学生牢牢禁锢在设计好的维度内吗？就本探究实验来看，不完美的设计更能为我们创造教育素材，给学生的思维预留空间。重要的不是学生想的对不对，而是学生有没有想的冲动和机会。

［广东省珠海市北京师范大学（珠海）附属高级中学　李辉辉］

附录 1：

导学材料：探究咖啡因对人心率的影响

学习如何测定人的心率：

1. 用两个手指按着脖子或者手腕内侧的动脉，自己练习数脉搏。

2. 计数自己在 30 秒内的脉搏数，并填在表格内。

3. 将自己 30 秒的脉搏数乘以 2 得到每分钟的心率。

然后完成下面步骤：

4. 你觉得自己喝完含咖啡因的饮料后，静息心率有什么变化?

____

如果喝的是不含咖啡因的饮料，静息心率有什么变化?

____

5. 舒适地连续喝下你自带的饮料 330mL，并记录下开始喝的时间和所喝饮料的种类。

6. 安静地坐 10 分钟，可以很小声讲话或是看书，切记不能走动。

7. 10 分钟后，看教师投影在屏幕上的秒表，测定自己在 30 秒内的脉搏数，并填在表格内。

8. 继续测量，每 5 分钟一次，至少测出 5 次为止，并记录下每次的结果。切记整个过程中不能走动。

9. 用下面表格计算每分钟的静息心率。

姓名：__________	饮料名称：__________		种类：(含/不含)咖啡因
时间（喝完饮料后）	30秒脉搏数		心率（次/每分钟）
0分钟		×2	
10分钟		×2	
15分钟		×2	
20分钟		×2	
25分钟		×2	
30分钟		×2	

根据实验结果，完成下列问题：

1. 喝饮料前静息心率与喝饮料后的最高心率之间的差距是 __________。

2. 喝完饮料后多久静息心率达到峰值？__________。

3. 喝完饮料后多久静息心率恢复到喝饮料前的水平？__________。

4. 你是否出现过喝完含咖啡因的饮料后心率不变的情况呢？__________。

5. 当你喝完大量的含有咖啡因的饮料后，心率有何变化呢？请尝试设计实验探究咖啡因的含量对人心率的影响。

附录2：

如何撰写规范的实验报告

1. 要对此实验发生的背景作简要地介绍。(即为什么要做这个实验)

2. 需要对产生此实验数据的实验过程有详细、准确的说明。(即这个实验是怎么做的，实验数据是如何获得的)

3. 利用信息技术工具，依据数理统计的基本原理和方法，对实验数据进行统计和分析。(即实验的数据是什么样的)

4. 综合实验数据、产生数据的条件以及本人（或团队）对相关生物学知识的理解，对实验数据进行定性、定量、因果等方面的判断，得出实验结论。(即对实验数据能说明什么以及为什么能说明作出阐述)

5. 综合分析本次实验或与他人的相关研究成果进行分析类比，对本次实验的优点、缺点进行总结和归纳，并提出相应的改进和完善措施、意见或建议。

专家点评

该案例是基于社会吸毒群体不断年轻化的趋势，为预防毒品渗入校园，让学生正确认识吸毒成瘾的实质及危害而设置的校本课程内容之一。该案例的教学设计是在缺少资料、缺少经验的情况下，项目组教师依靠群体智慧进行教学创新的成果，其突出特点如下：

1. 表达了新课程倡导的教育新理念。高中生物课程标准中，面向全体学生、提高生物科学素养、倡导探究式学习等基本理念都在案例中得到了很好的诠释。

2. 教师的专业水平在探究活动中得到提高。通过此项教学活动，教师们深深体验到了教育的本质问题。怎样促进学生发展？老师们在反思中已经感悟到“学生探究性思维能力的培养需建立在学生经历真正的探究的基础之上，同时让学生面对真实的结果，才能给其提供批判性思维的机会”。“让学生自己想办法解决实现过程中产生的问题。这种由需求所驱动的探究，能激发学生极大的探究潜能。而教师只需把握探究的大方向，提供探究顾问，便能使学生的探究活动达到事半功倍的效果，使学生的创造性思维能力获得了充分的发展。”

3. 案例围绕一个“科学问题”，进行了三次递进式探究。通过初次实验探究失败的原因分析、第二次探究实验方案的再完善、第三次实验探究获得结论，使学生们的兴趣逐渐在活动中由表及里、由浅入深，使“学生的思考主要集中在实验数据的采集、分析和实验结论的推理方面”。而老师们也在这一过程中认识到“不完美的设计更能为我们创造教育素材，给学生的思维预留空间。重要的不是学生想的对不对，而是学生有没有想的冲动和机会”。实际上，任何一个科学家都是在经历了一次次失败中最终解决问题、形成科学结论性知识的，而该教学案例正是遵循着科学研究的规律，促使学生在科学探究中获得思维的发展、能力的提高，这就是基础教育促进创新人才成长的肥沃土壤。

4. 案例最大的特点是摆脱了以往学校教育对学生“板着面孔”讲“大道理”

的做法，采用科学探究方式，通过科学探究实验，用规范的、科学的实验研究活动，使学生在获得“含咖啡因的饮料能使人的心率有所提高”这一研究结论的同时，获得有效的探究学习体验。

“种子的结构”教学案例及点评

教学案例

案例适用年级及版本：七年级　苏教版

教学课时：1 课时

一、教学目标

1. 知识与技能

（1）通过实验观察，明确种子的基本结构。

（2）了解种子各结构的作用。

2. 过程与方法

（1）掌握观察种子的方法。

（2）能画出种子内部结构图。

（3）会做种子发芽实验及实验数据统计。

3. 情感态度与价值观

认真做好实验，形成严谨求实的科学态度。

二、教学重点、难点

1. 教学重点

种子内部结构的观察。

2. 教学难点

规范画出种子内部结构图。

三、教学资源

芸豆两颗、黄豆两颗、绿豆两颗、红豆两颗、蓖麻两颗，均水发 24 小时；托盘一个；红笔、黑笔、绿笔、蓝笔各一支；白纸一张。

四、教学过程

（一）激趣引入

导言：种子是一个神奇的包裹，里面睡着植物宝宝，外面是妈妈给宝宝盖的漂亮小花被。现在你面前有绿豆、黄豆、红豆、芸豆、蓖麻，大家仔细观察一下，你现在看到的是种子的哪部分？（种皮）

教师：里面的植物宝宝长得完全不同，还是很相似呢？想看宝宝长什么样，你需要先把宝宝的被子拿走。

（二）实验探究

教师引导学生讨论、总结，得出实验步骤：

1. 每一种种子取一颗，剥掉种皮。

2. 试分开两个豆瓣，找到两个豆瓣相连的部位涂上蓝色标记，然后强力分开两个豆瓣。如果分之前没有注意到两个豆瓣在哪里相连，就再剥一颗豆子重新观察。

3. 涂色。

猜想哪里会发育成将来的根？（涂上黑色）

哪里会发育成将来的叶？（涂上红色）

哪里会发育成将来的茎？（涂上绿色）

4. 讨论。

不同的植物宝宝是长得很相似，还是完全不同？为什么？

种子发芽的时候哪一部分会最先突破种皮？

5. 实验报告。

画植物种子的内部结构图。对照课本，标出种皮、子叶、胚芽、胚轴、胚根等。

<table>
<tr><th colspan="3">种子的结构实验报告</th></tr>
<tr><td>实验材料</td><td colspan="2">芸豆两颗、黄豆两颗、绿豆两颗、红豆两颗、蓖麻两颗，均水发 24 小时；托盘一个；红笔、黑笔、绿笔、蓝笔等各一支；白纸一张。</td></tr>
<tr><td rowspan="6">实验步骤</td><td colspan="2">1. 剥掉种皮。</td></tr>
<tr><td colspan="2">2. 分开豆瓣。</td></tr>
<tr><td colspan="2">3. 涂色。</td></tr>
<tr><td rowspan="2">4. 讨论。</td><td>（1）不同的植物宝宝是长得很相似，还是完全不同？为什么？</td></tr>
<tr><td>（2）种子发芽的时候哪一部分会最先突破种皮？</td></tr>
<tr><td colspan="2">5. 实验报告，画植物种子内部结构图。</td></tr>
<tr><td>延伸探究</td><td colspan="2">1. 种子在萌发的时候，各个部分又会继续发育成什么器官？
你已经用颜色说明了自己的假设。把种子放在纱布上，适量浇水，持续观察，验证你的假设。（必做）
（以下选做）
2. 种子如果被剥掉种皮，还能够萌发吗？
3. 种子如果被剥掉种皮，又被去掉了一片子叶，还能萌发吗？
4. 种子如果只剩下一片子叶（没有了种皮、胚轴、胚根、胚芽），还能萌发吗？
5. 通过今天的实验，你想到了什么？还想探究什么？</td></tr>
</table>

探究种子结构的实验报告			
提出问题	种子结构中的种皮对种子萌发有影响吗？		
作出假设	种皮对种子的萌发有影响。		
实验设计	设置两组实验，A 组是 10 粒浸泡 24 小时的完整芸豆种子，B 组是 10 粒浸泡 24 小时被剥去了种皮，只剩下胚的芸豆种子。两组都放在装有潮湿纱布的盘子里，都保持纱布的湿润，并都放置在温暖的地方。		
实验记录	天数	A 组发芽粒数	B 组发芽粒数
	1	2	1
	2	6	7
	3	10	10
	4	10	10
	5	10	10
	6	10	10
	7	10	10
实验结果	两组种子的发芽率和发芽时间无明显区别。		
实验结论	种皮对种子的萌发没有影响。		
延伸探究	其他种子的种皮对种子萌发都没有影响吗？		

五、教学反思

科学探究既是新课程要求的教学理念，也是具体的学习方式。在“种子的结构”这部分教学内容中，我们力图将以往的验证性实验改为探究性实验，这样学生可以经历一种较长的实验周期，通过观察、猜测 、设计实验方案、统计、证实假设的探究过程，来学习科学知识和科学方法，为今后课程内容的学习打好基础。在教学过程中，我们也面临着各种各样的挑战，如学生能否全部完成实验要求的内容，观察活动的质量怎样保证等，还需要我们不断地进行探索。

（江苏省南京二十九中　袁映）

专家点评

面对刚刚升入初中的学生，如何通过科学探究活动，引导他们学习生物科学，该教学案例所呈现的内容正是其中一个重要的组成部分。教学中要求学生观察的各种植物种子，是学生生活中经常见到的，在生物课堂上首先面临的是要采用何种科学方法帮助学生从生物学角度去科学地认识它们，案例中采用了观察法，力图通过科学观察让学生认识植物种子的内部结构，因此，观察对象的选取十分重要。该探究活动中选用的芸豆、黄豆、蓖麻等种子，充分吸水后体积相对较大，是比较好的观察材料，但红豆和绿豆的体积相对较小，学生动手操作和肉眼观察就会比较困难，建议教师今后在选取观察材料时予以注意。此外，观察对象的选取还涉及观察的范围，实验选取的材料均属于双子叶植物，而缺少单子叶植物，这对初中学生来讲是不够的，应该让学生观察认识两类植物种子内部结构的异同，否则这种观察活动使学生形成的科学概念就会不完整。

进入初中后，学生主要通过课堂学习逐步形成科学思想，教师的引导不仅涉及科学的教学内容，还涉及专业的教学话语。该案例中，教师为了追求教学话语的生动性，采取了一些拟人化的语言，例如，“种子是一个神奇的包裹，里面睡着植物宝宝，外面是妈妈给宝宝盖的漂亮小花被”，这种比喻对学生学习生物专业术语是极为不利的，对中学生而言也显得有些幼稚，教师的教学语言应注重科学性，尽量避免拟人化的比喻或描述。

第六章

基于教学反思的探究教学案例分析

教学反思一直以来是教师提高个人业务水平的一种有效手段，一直以来备受教育界有成就的大家的重视。基于教学反思的探究教学，是教师以自己的教学活动过程为思考对象，不断探究与解决自身教学过程、教学目的以及教学工具等方面存在的问题，将“学会教学”与“学会学习”相结合，努力提升教学实践的合理性。以此解决教育教学中的问题，不断提升自身专业素质，逐渐形成自己独特的教学风格，提高教学质量，促成教学效果的最优化。

第一节　培养学生动手实践能力的教学案例及点评

“探究影响细胞质流动的因素”教学案例及点评

教学案例

案例适用年级及版本：高中二年级 浙教版

教学课时：1 课时

一、教学目标

1. 知识与技能

（1）观察胞质环流的现象，说明胞质环流和细胞生命活动的关系。

（2）探究不同的光照时间、温度、pH 值下细胞质的流动情况。

（3）探究不同的实验材料在相同情况下细胞质的流动情况。

（4）探究在不同溶液中（一定浓度的生长素、葡萄糖溶液、ATP 溶液）细胞质的流动情况。

2. 过程与方法

（1）通过观察胞质环流的现象，培养学生的实验能力和观察能力。

（2）通过探究不同因素对胞质环流的影响，培养学生的分析、比较、判断等能力。

3. 情感态度与价值观

（1）通过学习各种细胞器的结构和功能，初步形成生物体的结构和功能、局部与整体相统一的观点。

（2）通过观察胞质环流的现象探究不同因素对胞质环流速度的影响，培养学生实事求是的科学态度，勇于探索、不断创新的精神。

二、教学重点、难点

1. 教学重点

显微镜的操作技能。

2. 教学难点

对影响胞质流动因素的控制。

三、教学资源

新鲜的黑藻，大白菜幼苗嫩叶，鸭跖草花丝上的表皮毛，南瓜、黄瓜等瓜类茎尖上的表皮毛，冰块，生长素，葡萄糖溶液，ATP 溶液等材料。

显微镜、载玻片、盖玻片、滴管、镊子、培养皿、台灯、烧杯、滴瓶、玻璃棒、移液管、温度计等用具。

四、教学过程

本次教学内容比较丰富，学生不能在有限的时间内完成所有的实验目标，因此根据不同的实验目标将本课内容划分为 5 个探究性实验，学生分成 5 个小组，每个小组选择一个实验进行探究，之后再相互交流实验成果。

（一）探究光照时间对细胞质流动的影响

1. 不经光照的黑藻细胞质几乎处于停滞状态，由此可知光照对细胞质的流动有影响，从而联想光照时间对细胞质流动的影响，并作出假设。

2. 设计一个探究光照时间影响细胞质流动的实验，方案中要设置对照实验，并绘制数据记录表。

光照时间（min）	细胞质流动情况
0	
5-10	
15-20	

3. 课前培养新鲜的黑藻，准备好台灯、计时器（或钟表）。

4. 按照预定的实验方案进行操作，观察细胞质的流动情况，并将实验结果记录在数据记录表中。

5. 分析实验结果是否支持假设。

（二）探究温度对细胞质流动的影响

1. 冰水中的黑藻细胞质不流动，由此断定温度可以影响细胞质的流动，通过实验找出细胞质流动的适宜温度，并作出假设。

2. 设计一个不同温度下细胞质流动的实验，设计方案中要注意设置对照实验，并绘制数据记录表。

温度（℃）	细胞质流动情况
0	
10	
20	
30	
40	

3. 实验前准备好冰水及一系列不同温度的热水。

4. 按预定的实验方案进行操作，观察细胞质的流动情况，并将实验结果记录在数据记录表中。

5. 分析实验结果并得出结论。

（三）探究不同 pH 值对细胞质流动的影响

1. 根据 pH 值对酶活性的影响，引发不同 pH 值影响细胞质的流动的联想，并作出假设。

2. 对照组 pH 值为 7 左右，推测细胞质流动所需的 pH 值，设计一组探究方案，并依据设计绘制数据记录表。

pH 值	细胞质流动情况
5	
6	
7	
8	

3. 实验前的准备工作：用一定量的 Na_2HPO_4 和 NaH_2PO_4 溶液，分别配制成 pH 值为 5、6、7、8 的缓冲溶液。

4. 按照本组设计的实验方案操作，观察细胞质的流动情况，将实验结果记录在数据记录表中。

5. 分析实验结果并得出结论。

（四）探究一定浓度的生长素、葡萄糖溶液、ATP 溶液对细胞质流动的影响

以及愈伤情况下细胞质的流动情况

1. 依据生长素、葡萄糖溶液、ATP 溶液对生物代谢的影响及愈伤情况下生物的自我修复能力联想到，此四种情况下对细胞质流动将产生一定的影响，并作出假设。

2. 对照叶片不进行任何处理，推测细胞质流动的情况，设计一组探究实验，并绘制记录表。

不同情况	细胞质流动情况
正常	
生长素	
葡萄糖溶液	
ATP 溶液	
愈伤	

3. 课前配制一定浓度的生长素、葡萄糖溶液、ATP 溶液，并将一部分黑藻的叶片切伤。

4. 按照本组设计的实验方案进行操作，观察细胞质的流动情况，将实验结果记录在数据记录表中。

5. 分析实验结果并得出结论。

（五）探究不同植物材料的细胞质的流动情况

1. 不同植物材料的细胞质流动情况是否相同？比较新鲜的黑藻，大白菜幼苗嫩叶，鸭跖草花丝上的表皮毛，南瓜、黄瓜等瓜类茎尖上的表皮毛，小麦的根毛等的细胞质流动情况。

2. 对照新鲜的黑藻，推测细胞质流动的情况，设计一组探究实验，并绘制记录表。

植物材料	细胞质流动情况
新鲜的黑藻	
大白菜幼苗嫩叶	
鸭跖草花丝上的表皮毛	
南瓜茎尖上的表皮毛	
小麦的根毛	

3. 按照本组设计的实验方案进行操作，观察细胞质的流动情况，将实验结

果记录在数据记录表中。

4. 分析实验结果并得出结论。

讨论：各小组在进行实验时除本组实验中的变量外，其他条件是否应保持一致?

各小组进行讨论总结后，选出2人作为代表在小组间进行交流，最后全班同学在教师的指导下得出影响细胞质流动的因素。

五、教学反思

（一）该案例的设置意图

细胞质是均匀透明的胶状物质，活细胞中的细胞质处于不断流动的状态。但细胞质的流动需要在显微镜下才能观察到，通过观察细胞质的流动，可以使学生对这一理论基础有感性的认识。所以通过探究多因素对细胞质流动的影响可以全面培养学生的科学探究思维，锻炼学生多角度、全面考虑问题的能力。

（二）该案例的不足

从本次实验的课堂气氛和学生收获来看，确实达到了预期目标。但在实验过程中，出现了一些失败或结果不明显的现象，通过反思实验过程发现影响实验结果准确性和稳定性的因素主要有实验材料、环境因素和学生操作因素。

1. 实验材料和环境因素

（1）需要加强光照条件，这样能使实验现象更加明显。

（2）需要将植物放在比较适宜的室温当中，若温度较低，可以改用合适温度的水作为植物储存的环境。

（3）在做实验的时候，应该选择较嫩的植物，即新陈代谢旺盛的植物。

2. 学生操作因素

（1）要求学生进行规范的实验操作，避免因操作不规范引起装片制作失败或显微镜观察失败的情况。

（2）必须用镊子夹取色浅、片薄、幼嫩的小叶轻放到载玻片中央的水滴中，切不可贪图叶片大而厚。

（3）要始终保持叶片在有水的环境中，只有饱含水分的叶片，细胞质流动才会明显。

（浙江省临海市回浦中学　林丽英）

专家点评

生物学原本就是一门实验科学。在学习过程中学生是学习的主体，必须做到手、脑并用才能不断提高他们的动手、动脑能力。本节课中，学生在实验过程中做到了自主、合作、探究式学习，体验到了成功的喜悦。而教师在整个实验过程中只是组织者、引导者，尽可能地为学生进行实验创造了条件，使学生通过观察、思考、操作、探究等活动，获取知识和技能。该课时中将观察细胞质流动实验改为探究影响细胞质流动的因素，更好地调动了学生学习的积极性，发挥了学生学习的主观能动性。

“叶绿体中色素的提取和分离”教学案例及点评

教学案例

案例适用年级及版本：高中二年级　浙教版

教学课时：1 课时

一、教学目标

1. 知识与技能

（1）通过实验和观察掌握有关叶绿体的基本知识（分类、功能、特点等）。

（2）通过探究实验了解叶绿体的结构以及其中的光合色素，理解其中的色素与光合作用的关系。

2. 过程与方法

（1）通过探究实验初步掌握提取和分离叶绿体中色素的方法。

（2）学会设计探究实验来检验自己的假设。

（3）通过实验探究培养仔细观察、善于思考、收集和处理信息（数据）、动手实践的能力。

（4）合理组织语言，描述实验现象，锻炼观察能力和语言表达能力。

（5）相互交流和讨论实验现象，提高思考问题和解决问题的能力。

3. 情感态度与价值观

（1）体验发现的乐趣、成功的喜悦以及科学研究事物的方法。

（2）学会与他人交流合作、分享成果，并养成严谨的实验态度。

二、教学重点、难点

1. 教学重点

通过探究实验来认识、理解实验探究，进而学会实验探究，获取新知识。

2. 教学难点

在探究过程中培养实践能力和创新能力。

三、教学资源

韭菜、菠菜、芹菜、芥菜、荠菜、青菜、青草、樟树叶等多种新鲜的绿色叶片。

干燥的定性滤纸、烧杯（100mL）、研钵、小玻璃漏斗、尼龙布、载玻片、盖玻片、毛细吸管、剪刀、小试管、培养皿、药勺、量筒（10mL）、天平、牙签。

丙酮、酒精、四氯化碳、汽油、层析液、二氧化硅、碳酸钙。

四、教学过程

本实验是高中生物必做实验之一。为了使学生更积极主动地进行实验，培养他们的创新精神和实验能力，在实验之前，准备好多种多样的实验材料，并向学生作简要的说明。

（一）创设实验探究情境

探究式教学首先要激发学生探究的欲望，营造一个让学生主动观察、积极思考和探索的环境氛围，这种环境氛围就是教学情境。为了给该实验营造一种良好的情境，在实验开始之前设计以下问题：①各种植物的叶片颜色为什么有所不同？②叶绿体中的色素究竟有哪些种类？③叶绿体中各种色素分别是什么颜色？④各种色素在叶绿体中的含量是否相同？面对这些问题，很多同学都跃跃欲试，使实验极具探索的气氛。

（二）色素提取方法和实验材料的探索

在产生了探索欲望之后，教师紧接着启发学生：研究叶绿体中的色素，我们首先要做的就是把色素从绿叶中提取出来，色素提取量的多少与实验的成败有没有关系？我们应选择什么样的叶片作为实验材料呢？

学生思索之后一致认为应选择叶色较深，也就是浓绿色的新鲜叶片作为实验材料。之后，让学生根据这一原则自己去校园选取合适的植物叶片。

学生采集叶片后，教师介绍色素提取的原理。有关色素的提取，在初中生物中已有介绍，该实验是用酒精溶解叶绿素，从而使叶片变成黄白色。教师引导学生对此实验进行回顾，同时介绍其他几种能够溶解叶绿素的有机溶剂，如丙酮、石油醚。在实验教学过程中要鼓励学生尝试使用不同的有机溶剂，让他们在比较中找到最佳的实验效果。为了更加有利于学生探索发现，实验的同时教师又在小黑板上出示了以下问题，让学生结合实验过程进行思考：

①如何使叶片研磨得更充分、更省力？

②研磨中色素会不会被破坏？如果会，怎么办？

③如何防止有机溶剂的挥发？

④你使用的有机溶剂量是多少？有机溶剂越多越好吗？

鼓励学生在实验过程中使用不同方法，通过对比实验研究哪种方法能达到最佳的实验效果。建议学生对所取的菠菜与酒精的量的比例作研究（可以采用10g 菠菜叶与 5mL 无水酒精组合、10g 菠菜叶与 10mL 无水酒精组合、5g 菠菜叶与 5mL 无水酒精组合、5g 菠菜叶与 10mL 无水酒精组合等），也可以对取用碳酸钙的量（不用、少量或较多）是否需要过滤等实验步骤提出研究建议。学生在实验过程中，自己选择对比实验组，通过实验，得出结论。以上问题有助于学生理解实验操作中的关键步骤，增加探索的成功率。

（三）色素分离方法和层板装置的探索

学生制备了色素提取液后，启发学生：提取液中各种色素是混在一起的，要达到实验目的，就必须把各种色素进一步分离开来。那么究竟怎样才能使不同的色素分离呢？教师向学生介绍纸层析法分离色素的原理，并要求学生不要受教材中操作步骤和装置的束缚，大胆进行纸层析法的实验设计。如可对怎样把滤液细线画好，滤纸条的画线次数（可以是 3 次、5 次、7 次、10 次等）、画线方法（可以用毛细管、载玻片、铅笔、滤纸条折线等器材或方法）等问题进行探索，使学生探究热情高涨，创造才能得到了充分发挥。

（四）引导合作，自主探究

在学生实验探究的过程中，营造一个宽松、和谐、民主的氛围，对各个小组进行耐心引导，使其加强合作、相互交流、培养合作精神；对全体学生热情鼓励，使其充分发挥各自的聪明才智，培养他们善于动脑、动眼、动口、动手，不怕失败，敢想、敢做、敢于标新立异的创新精神和实验技能。此外，对学生在实验中焕发出来的探索热情，无论是成功的还是失败的，都要给予鼓励，如A组学生在实验中敢于改进课本上的实验方法，用双层沙布包住研磨叶泥挤出滤液至培养皿内，用牙签划滤液细线；B组学生将色素滤液滴入圆形滤纸中央，层析后发现“色素”向四周扩散，在滤纸上出现了4条明显环形色素带；D组同学将3g叶片研磨成叶泥，再加入丙酮4mL研磨20秒，结果叶渣与滤液分开，不用过滤直接提取滤液倒入试管中，画滤液细线，层析后获得4条明显的色素带等实验创新。同时，教师发现C组实验不成功，提醒学生从实验原理、实验步骤、操作方法等方面分析原因，激励学生要不怕失败，善于总结经验，提高自己的实验技能。

（五）认真反思，自主总结

实验结束以后，组织各小组进行总结。先引导学生讨论交流在实验中成功的方面，仔细分析哪些是自己充分发挥想象力，并获得成功的新的实验方案；然后再引导学生讨论分析实验中失败的方面，寻找实验不成功的原因是什么，让学生认真进行自我反思，找到失败的根源。这样，通过引导学生认真总结、讨论交流、反思正反两个方面的优点与不足，使他们从中受到一次深刻的科学探究教育和科学挫折教育，为以后从事科学研究工作打下坚实的基础。

五、教学反思

在以往的实验教学中，常常是老师在学生实验之前便把实验原理、步骤、注意事项等事无巨细地向学生交代得清清楚楚，唯恐学生在实验操作中出错，以此提高实验成功率。这样一来，虽然实验成功率会高一些，但学生难免不被老师“牵着鼻子走”，导致自己真正思考的成分不多，对实验理解不足，一段时间后对实验相关内容的遗忘程度也比较高。因此，本节课的教学设计从学生的主体地位出发：（1）老师尽量少讲，甚至可以不讲，放手让学生自己去摸索、实践；（2）实验后设置实验结果交流环节，使学生通过分析总结实验成功或失败的原因，进一步加深对实验的理解和记忆，培养学生敢于探索的精神、善于求知的能力；

（3）侧重引导学生对实验现象进行分析，目的在于培养学生发现问题、提出问题的能力。

从课堂反馈情况来看，本节课教学基本能够实现预设目标，大部分学生的思维非常活跃，只有少数学生仍处在一种被动学习的状态之中，希望能通过多次训练以及周围同学的探究精神带动他们的学习热情。在实验过程中，还存在一些实验操作不规范的现象，如未能掌握操作技术要领，操作环节把握不准，药品、器具、材料用后摆放杂乱等，这些不良习惯需要在平时的实验教学中注意正确引导、耐心教育。

（浙江省临海市回浦中学　林丽英）

专家点评

探究式学习具有问题来源的实践性、问题过程的探究性、问题情境的新颖性、问题信息的整合性、问题解决的探索性、问题思维的开放性等多项特征。

由此可见，课堂教学中的“问题”是至关重要的，它是课堂教学成功的关键。如果没有问题，学生就不会深入思考，进而缺乏学习的动力。在此节课中，教师能把“问题”作为贯穿课堂教学的主线，以学生已有的知识、技能为起点，逐步深入，设计合适的问题引导他们探究未知的世界，这种处理方法在学生的心理上造成一种悬而未决但又必须解决的求知状态，有效地激发了学生的学习欲望。本实验教学，还真正体现了学生的主体地位，不但培养了学生解决问题的能力、方法和思维，还让学生在问题解决过程中主动获取知识，达到了较好的学习效果，养成了良好的学习习惯。

第二节　激发学生对生物学科兴趣的教学案例及点评

“洋葱表皮细胞的质壁分离及质壁分离复原”教学案例及点评

教学案例

案例适用年级及版本：高中一年级　浙教版

教学课时：1 课时

一、教学目标

1. 知识与技能

（1）学会观察植物细胞质壁分离和复原的方法。

（2）掌握成熟植物细胞发生渗透作用的原理。

2. 过程与方法

（1）提高设计实验、动手操作、分析处理实验数据、解释实验现象的能力。

（2）通过实验探究提高观察、分析、解决问题的能力。

（3）提高语言表达能力和科学探究能力。

3. 情感态度与价值观

（1）培养实事求是的科学态度和不断创新的精神。

（2）培养合作意识。

（3）激发对生物科学的兴趣和热情，养成理论联系实际，关心农业生产实践的习惯。

二、教学重点、难点

1. 教学重点

（1）理解植物细胞发生渗透作用的原理。

（2）引导学生实施探究实验，确定实验材料、试剂的种类与浓度，并进行应用创新。

2. 教学难点

在探究实验过程中培养学生的实践能力和创新能力。

三、教学资源

刀片、镊子、滴管、载玻片、盖玻片、吸水纸、显微镜、纱布、清水、培养皿、浓度为 0.3g/mL 的蔗糖溶液、洋葱、黑藻、蔗糖、KNO_3、天平、秒表等。

四、教学过程

（一）回顾旧知，引入课题

教师先引导学生对渗透作用的相关知识进行回忆，使学生明确“渗透作用是水分子或其他溶剂分子通过半透膜从低浓度溶液向高浓度溶液扩散的过程”。从而引出洋葱表皮细胞的半数细胞发生质壁分离时的浓度即为洋葱表皮细胞的细胞液浓度。

（二）实验探究

学生知道了“洋葱表皮细胞的半数细胞发生质壁分离时的浓度即为洋葱表皮细胞的细胞液浓度”后，教师继续引导学生思考，如何将这一概念转变为可操作的实验步骤。

教师给学生提供信息：洋葱表皮各细胞的细胞液浓度存在微小差异。

学生思考：如何才能使洋葱表皮细胞的半数细胞发生质壁分离？找出本探究实验的控制因子是什么？（学生以小组讨论的形式得出方案）

各小组陈述各自的方案，教师逐一进行点评，去除方案中不合理的部分。

教师归纳总结，使学生明确本探究实验的控制因子是“蔗糖溶液的浓度”，得出“通过设置浓度梯度的蔗糖溶液使洋葱表皮细胞的半数细胞发生质壁分离”，从而确定本实验的关键步骤，即在洋葱表皮上滴加不同浓度的蔗糖溶液，然后观察现象。

教师引导学生查找有关洋葱表皮细胞液浓度的资料和相关的实验数据，确定配制的蔗糖溶液浓度梯度，制成不同浓度的蔗糖溶液，然后滴加到洋葱表皮上，观察实验现象。

实验中，学生可以观察到洋葱表皮细胞在某个外界溶液浓度下发生质壁分离的现象，这时教师让学生根据有关概念对实验事实作出解释。教师可以提出引导性问题：为什么半数细胞发生质壁分离时的浓度大致就是洋葱表皮细胞的细胞液浓度？如果洋葱表皮细胞未发生质壁分离，教师就需要引导学生从选材、试剂、实验操作等方面找出合理解释，否则可能使学生难以接受和理解这一概念。

在学生记录完实验现象和实验结果后，教师引导学生针对实验事实和现象做出概念图，并且对应每一具体概念罗列出支持该概念的实验事实。

（三）拓展思路

教师在学生完成实验后，创设新的情境，引导学生应用所学知识引发新的思考。例如，可以让学生对盆栽植物施以不同的水量，然后观察实验现象，并思考如何在实际的农业生产中施以最佳的灌溉量；也可以让学生调查学校附近农场、农博园或者农民的农田灌溉管理情况，并对其灌溉量作出合理解释。这样的进一步探究不仅涉及渗透作用的相关知识，还涉及矿质营养的主动运输和利用问题，对学生学习后续的内容具有一定的引导作用。

五、教学反思

“观察植物细胞的质壁分离与复原”是高中学生必做的实验之一，我设计这节课的目的是想培养学生的问题探究意识以及学生对实验原理、现象和结果的分析能力，提高学生的实验操作、观察分析能力，进而达到提高学生的生物科学素养、培养学生探究能力和创新意识的目的。

此外，学生还通过课堂交流了解到：实验材料的选择非常重要，应选用紫色洋葱表皮细胞，因其液泡呈紫色，原生质层和细胞壁区分明显，在显微镜下观察质壁分离现象非常清晰。

本节课主要有以下三个亮点：

1. 提出“探究不同浓度的不同溶液对洋葱表皮细胞质壁分离和复原”的拓展实验，培养了学生的探究能力。

2. 板书设计合理：实验原理、方法过程、质壁分离和复原细胞图等板书内容，条理清晰，使学生一目了然。

3. 注重对学生实验技能和良好习惯的培养，学生操作基本规范、合格，学生实验善始善终，能自觉清洁实验台。

不足之处：

1. 教学过程中，教师讲授过多（用了15分钟讲解原理和操作步骤等注意事项），学生动手时间相较少。

2. 教学设计过多关注学生对知识的获得，对学生发现问题的能力培养不够。

（浙江省临海市回浦中学生物教研组）

专家点评

本次实验采用自主、合作、探究的教学方式，是一次大胆的尝试。与传统的实验教学相比，本次实验给了学生自主探究的机会、合作学习的空间，并创设了探索学习的问题情境，把课堂真正还给了学生，充分确立了学生的主体地位。其最主要的特点是：变“被动接受”为“主动探究”，具体表现在以下几个方面：

1. 变学生“按方抓药”式的操作为主动探究实验

每位学生根据老师提供的实验材料、试剂及要求，自己动手设计实验，通过操作、观察现象，最终得出结论。

2. 变“验证式实验”为“探究式实验”

本次实验各组所采用的材料和试剂各不相同，没有预知的现象和结论，使学生更好奇，更有动手做实验发现问题的欲望，每一个现象的出现，都使学生惊喜无比，极大地调动了他们的实验积极性。

3. 变个体实验为师生间、生生间的“互动”实验

本实验先通过学生自己探究发现问题，然后组内成员相互讨论，再各组汇报听取老师总结，极大地丰富了知识的获取途径。此外，生生间的交流大大加强，弥补了一个教师难以照顾到有差异的众多学生的不足，从而真正实现了使每个学生都得到发展的目标。

不过，本次教学也存在不足之处：

从设计实验到结论得出需要较长的时间，一节实验课时间太短，实验、汇报都显得比较仓促；各组的实验材料及设计不同，学生很好奇，致使课堂秩序较混乱。

但从总体上看，本次实验还是取得了较满意的效果：充分调动了学生的积极性和主动性，培养了学生自主学习的能力；通过组内学生间的相互合作、交流，培养和发展了学生的合作意识、合作精神；通过自行设计实验、得出结论，培养了学生的探究精神。

“核酸是遗传物质的证据”教学案例及点评

教学案例

案例适用年级及版本：高中一年级　浙教版

教学课时：1 课时

一、教学目标

1. 知识与技能

（1）能概述肺炎双球菌转化实验的过程。

（2）了解 DNA 是主要的遗传物质。

2. 过程与方法

通过一系列实验的分析，初步形成设计实验、分析实验的能力。

3. 情感态度与价值观

(1) 通过总结 DNA 是遗传物质的科学探索过程，感悟科学家严谨求实的科学态度以及对真理不懈追求的科学精神。

（2）遗传物质主要是 DNA，也有 RNA，树立辩证唯物主义世界观。

二、教学重点、难点

1. 教学重点

肺炎双球菌转化实验的原理和过程。

2. 教学难点

理解 DNA 是主要的遗传物质，RNA 也是遗传物质。

三、教学资源

教学 PPT、肺炎双球菌体内转化实验的动画。

四、教材分析

科学探究始于问题的形成，有了问题才能进行探究。我国古代教育鼻祖孔子说："疑是思之始，学之端。"宋代学者陆九渊也说："为学患无疑，疑则有进也。"这两句话都阐明了发现和提出问题的重要性。问题的生成有赖于课前精心的预设，在课堂教学中，能否生成有价值的问题反映了学生思维的广度、深度和发散度，也是衡量课堂教学是否有效和高效的重要标志之一。教师在课堂上要想方设法让学生积极思考并提出问题，进而找到问题的解决方法。在探究性学习中，问题的形成是科学探究的"起点"，问题的生成更是有效探究的"拐点"，"起点"决定了学习的内容，而"拐点"决定了深入探究的方向，二者同时决定了科学探究的出发点和最终归宿。

本节课以高中生物课本"核酸是遗传物质的证据"为例，通过关注问题的生成来激发学生的求知欲望，充分发挥学生的主体作用和教师的主导作用，引导学生进行探究性学习。

五、教学过程

（一）引出课题

本节课探究的主题是"生物的遗传物质是什么"。

师：生物的遗传物质可能是 DNA、RNA、蛋白质、糖类、脂质等，要探究谁是遗传物质，你准备选择怎样的实验材料呢？（PPT 展示人、水稻、羊、细菌）

生：选择人，因为人是最高等的动物。

生：细菌，因为细菌繁殖快。

生：细菌，因为细菌结构最简单。根据实验探究中控制单一变量的原则，应该将细胞中的 DNA、RNA、蛋白质、糖类、脂质等分离开，分别单独观察它们在遗传中的作用。

（师生讨论选出细菌作为实验材料）

（二）介绍肺炎双球菌体内转化实验

教师介绍两种肺炎双球菌（PPT 展示），并以动画形式展示肺炎双球菌的体内转化实验。

师：哪种细菌导致小白鼠死亡？两种细菌的差异在哪里？你认为导致小白鼠死亡的原因是什么？

生：有毒性的S型活细菌导致小白鼠死亡，因为两种细菌的差异仅是有无荚膜，所以导致小白鼠死亡的物质应该是荚膜。

师：那么加热杀死的S型细菌未使小白鼠死亡，说明了什么？而加热杀死的S型细菌与无毒性的R型活细菌混合后注射到小白鼠体内，导致小白鼠死亡，又说明了什么？

生：加热杀死的S型细菌未使小白鼠死亡，说明加热将荚膜破坏了，而加热杀死的S型细菌与无毒性的R型活细菌混合后注射到小白鼠体内，小白鼠死亡，说明在加热杀死的S型细菌中，必然有某种物质将无毒性的R型活细菌转化为有毒性的S型活细菌。

（师生共同讨论得出，加热杀死的S型细菌体内确实存在某种物质能将无毒性的R型活细菌转化为有毒性的S型活细菌，即转化因子）

（三）实验探究

师：加热杀死的S型细菌中的转化因子究竟是什么物质？请你设计实验作进一步探究。

（学生分组设计实验，教师PPT展示实验设计）

实验设计：探究加热杀死的S型细菌内的转化因子是什么。

实验材料：无毒性的R型活细菌、加热杀死的S型细菌、物质分离提取仪、培养皿等。

提出问题：加热杀死的S型细菌内的转化因子是什么？

作出假设：转化因子是DNA。

设计实验：

1. 从加热杀死的S型细菌中分离、提取出各种成分。（DNA、蛋白质等）

2. 分别与无毒性的R型活细菌混合培养，观察其后代是否产生有毒性的S型活细菌。

预测结果：

①仅加入加热杀死的S型细菌的DNA能使无毒性的R型活细菌转变成有毒

性的 S 型活细菌。

②仅加入加热杀死的 S 型细菌的蛋白质或其他物质能使无毒性的 R 型活细菌转变成有毒性的 S 型活细菌。

③加入加热杀死的 S 型细菌的 DNA 和分离出的其他物质均能使无毒性的 R 型活细菌转变成有毒性的 S 型活细菌。

得出结论：若出现结果①，则 DNA 是转化因子。

若出现结果②，则蛋白质或其他物质是转化因子。

若出现结果③，则 DNA 和蛋白质等都是转化因子。

（四）深入探究

师：有没有比细菌更简单的生物呢？

生：病毒。

（PPT 展示噬菌体结构模式图，动画展示噬菌体侵染细菌的实验）

师：该实验用什么方法说明了谁是遗传物质？

生：同位素示踪法。

师：病毒很小，怎样知道有无传递到后代？

生：用放射性同位素分别标记蛋白质和核酸。

师：用什么元素标记？标记什么物质？如何标记？

生：用 S 标记噬菌体的蛋白质，用 P 标记噬菌体的 DNA，用含标记的噬菌体分别去侵染细菌。

师：如何使细菌和噬菌体外壳分离？

生：用搅拌、离心等方法。

师：可是我们发现有些病毒是没有 DNA 的，那它们的遗传物质又是什么呢？

（PPT 展示 SARS 病毒、流感病毒、烟草花叶病毒等 RNA 病毒）

生：RNA。

师：引起疯牛病的病毒叫朊病毒，它没有核酸，那它们的遗传物质又是什么呢？

（五）小结

师生共同小结巩固。

六、教学反思

在教学中，一个好的问题不需要任何修饰语，但一定要体现问题的艺术所在。这也就是说在一堂课所设计的问题中，至少应该有这样的问题：它可以体现所学知识的综合性，能容纳非常多的答案，一个学生可以回答，全班的学生也可以回答。设计这样的问题就是在考察教师的功底，让教师有了前进的动力。但是任何教师或者任何人都不是完美的，我们可能会因为自己某些环节的疏忽而影响学生，所以我时常感觉到压力，在努力地使自己的每一堂课都精彩！

（浙江省临海市回浦中学　王玲敏）

专家点评

生物课堂教学追求有效提问，教师要想做到有效提问，就应该把课堂教学过程看作对话、沟通、合作、共享的活动，为学生主动探索提供空间，实现有效的、多向的师生互动，从而提高教师课堂提问的有效性。如果我们真的都能做到这些，那么一节课的效率将是非常高的。爱因斯坦说过："提出一个问题远比解决一个问题更重要。"一个经过精心设计、恰当而富有吸引力的问题，往往能拨动全班学生的思维之弦，奏出一曲耐人寻味甚至波澜起伏的动人之曲。课堂环境的随时变化，使实际的课堂提问活动表现出更多的独特性和灵敏性，教师只有从根本上形成对课堂提问的正确观念，才能在实践中发挥课堂提问的灵活性与有效性。此案例中，教师便注重了教学过程中的有效提问，提高了学生的学习兴趣，形成了高效课堂。

“植物生长素的发现”教学案例及点评

教学案例

案例适用年级及版本：高中二年级　浙教版

教学课时：1课时

一、教学目标

1. 知识与技能

（1）概述生长素发现过程中的相关实验。

（2）分析生长素发现过程中的实验现象、评价实验设计并得出结论。

（3）说出生长素及其他植物激素的生理作用。

2. 过程与方法

（1）通过探究实验，提高动手能力和实验技能。

（2）通过提出问题、设计实验，发展提出问题、分析问题、解决问题的能力。

（3）通过课堂强化训练，掌握实验设计的规范表达。

（4）通过对实验和问题的讨论，逐步提高分析实验、评价实验的能力。

3. 情感态度与价值观

通过学习生长素的发现过程，认同科学探究过程需要执着的探索精神、实事求是的科学态度。

二、教学重点、难点

1. 教学重点

（1）生长素的发现过程。

（2）植物激素的生理作用。

2. 教学难点

植物激素的生理作用。

三、教学资源

一盆直立生长的幼小的文竹植株，一个单侧开有长方形小口的无底纸盒。

四、教学过程

（一）教学准备

1. 距离教学“生长素的发现”一课的前一个星期，在同学的注视下用一侧开有长方形小口的无底纸盒套住直立生长的、嫩绿色茎的文竹并放在窗边的课桌上，开有小窗的一侧朝向窗外。

2. 几天后，取下盒子，在开窗侧的花盆外壁标上“窗”字，以确认开窗的方向。给文竹浇次水，并和学生一起找到根部两个长势差不多的芽，将小刀消毒后，对其中一个芽进行尖端切除，再按照盒子原本的方向罩住花盆放回窗边。

（二）引入新课

取下罩在文竹外面的盒子，其中一个枝条和其他枝条相比明显弯曲，近 90º 角。利用文竹的生长状态引出植物茎的向光性，并根据向光性判断植物的放置位置，通过对植物出现弯曲生长的内因和外因的探究引出新课。

（三）探究引起植物弯曲生长的外因

1. 根据植物的生长过程让学生判断其弯曲生长的外因是单侧光还是盒壁阻挡的原因。（学生以小组为单位进行讨论，并选出代表介绍讨论结果）

以此培养学生从生活中发现问题的能力，学会对问题的思考和假设，并通过对假设的验证掌握进行科学探究的基本步骤。

2. 文竹植株枝条较多，通过介绍其作为实验材料对实验现象的影响，明确实验材料选择的注意事项，保证探究的科学性。

3. 通过分析准备实验材料过程中对两个芽的不同处理（一个切去尖端，一个保持尖端）和生长现状，让学生分析实验目的、自变量和因变量，培养学生的逆向思维。

（四）探究引起植物弯曲生长的内因

1. 探究植物的感光部位

先让学生小组讨论，根据实验目的设计探究步骤，然后通过对比书本中提供的达尔文父子的实验，发现自己设计的不足以及科学家设计的优点，感受科学探究实验的严谨性，学会排除无关变量的方法。

2. 探究生长素的发现、产生部位和生理作用

从无尖端的芽不生长的实验现象推测植物生长的原因是尖端产生了某种对生长有影响的物质。那么该如何获得该物质？又如何证明该物质能影响植物的生长呢？受鲍森·詹森实验的启发，除了可以用琼脂块来承载生长素外，还可以用其他什么材料替代？学生可充分发挥想象力，也可课外去探究使用哪种材料效果更好，以此激发学生的动手积极性，使其养成将思维付诸实践的习惯。

之后，教师提供材料：空白的琼脂块若干、放置过尖端的琼脂块若干和切去尖端的胚芽鞘若干，让学生探究“弯曲生长与生长素在植物体内的分布浓度是否有关”，让学生拿出纸和笔画出实验过程和结果，并选一两名学生把实验的过程和结果画到黑板上进行讲评。

（五）理论知识应用于实践

请阅读教材第 6 ～ 7 页，根据植物激素的生理作用，试思考以下两个问题：

1. 一棵水平放置的幼苗，经过一段时间后你会发现茎表现出背地性，根则表现出向地性，能从生长素分布的角度解释一下原因吗？

2. 如果你是农庄主，你的农庄里种植了各种水果和蔬菜，如葡萄、香蕉、柿子、甘蔗、青菜、芹菜、黄瓜、番茄等，你将如何应用植物激素？

五、教学反思

（一）对创新的理解

创新人才的培养主要在于思维方式的培养。如何在教学过程中激发学生的思考热情、养成科学的思维方式是关键。生物学科是一门实验科学，是在一个个严谨的实验中逐渐发展起来的学科，如何利用生物学实验来熏陶、锻炼学生科学的思维方式，保持其创新精神是生物教师需要关注的问题。

这节课的教学材料是提前一星期准备的，并且是在学生的关注下进行的，因此既能激起学生的好奇心，又能培养学生的观察力。

（二）本案例的优点

1. 以一盆文竹的生长状态为主线引导学生思考，培养了学生从周围事物的表象中发现问题、思考问题的能力。

2. 利用验证单侧光引起植物的向光弯曲生长和有无尖端对植物生长的影响的实验设计，来培养学生正确的科学探究方式。

3. 通过与科学家设计的实验进行对比发现自己实验设计中的不足，从中汲取经验，学会站在巨人的肩膀上更好地发展自己。

4. 通过改变激素承载体，发挥学生的想象力，培养学生的创新思维，使学生不被前人的思想所禁锢。

5. 将所学知识运用于实践中，实现了 STS 教育目标，使学生养成科学探究来源于生活并最终服务于生活的观念。

6. 给学生布置了课外探究实验，鼓励学生动手探究，养成勤思考、多动手的习惯，这是创新人才必不可缺的素质。

（三）本案例的不足

本案例中，各个环节的设置基本达到了预期目标，但由于实验设计得太多，对重点实验突出不够，使得整节课的重点显得不是很清晰。虽然实验设计对学生的思维发展具有一定的效果，但弱化了教材的知识性和系统性，因此，需要对其进行取舍，或分散到其他课时进行。

（浙江省临海市回浦中学生物教研组）

专家点评

创新是教学的灵魂，是学生学习的源泉。本案例非常注重对学生创新意识、创新思维的培养，在教学过程中生成了许多精彩亮点。

1. 重视学生的参与、交流与合作

如在教学准备时，在教师的指导下，几个同学作为实验成员，进行文竹向光性的培养；在向光性的原因和生长素的发现过程等问题探究中，学生一直参与讨论。

2. 重视科学素养的培养

在生物教学中，不仅要让学生获得基础的生物学知识，还要让学生领悟生物学家在研究生物学过程中的科学方法、科学素养，培养学生的科学思维方法以及提出问题、分析问题和解决问题的能力。

3. 尊重科学实验的严谨性，培养实事求是的科学态度无关变量的控制，如达尔文父子实验中在顶上加透明的帽的实验设置以及空白琼脂块的设置等，排除了无关变量对实验结果的影响。

建议：正如本案例教师所说，实验设计得太多，对重点实验的突出不够，使整节课的重点显得不是很清晰。应对实验设计进行筛选，选择几个典型实验挖深、挖透。